La Lumière du cœur, un chemin avec Amma

Le cœur amoureux contient un océan.
Dans le roulis de ses vagues, l'Absolu se berce doucement.

Rumi

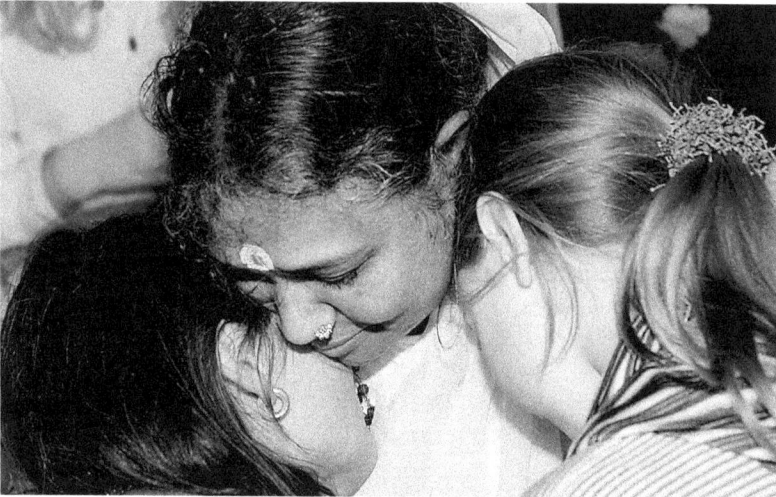

Ce livre est dédié à Amma, la Lumière de mon cœur,
et à mes filles Andrea et Lisa.

Mata Amritanandamayi Center, San Ramon
Californie, États-Unis

La Lumière du cœur, un chemin avec Amma

Anna Prabha Dreier

annapra.dreier@gmail.com

Publié par :
Mata Amritanandamayi Center
P.O. Box 613
San Ramon, CA 94583-0613
États-Unis

Première édition : avril 2020

En France :
www.etw-france.org

Au Canada :
ammacanada.ca

En Inde :
www.amritapuri.org
inform@amritapuri.org

Table des matières

1. Prologue 7

2. Biographie 11

3. Vis ta vie 17

4. Tu es un aigle royal 25

5. Pétales de Devi Bhava 29

6. L'envol vers Amritapuri 37

7. Les premiers jours à l'Ashram 45

8. Poème 55

9. Un zéro est un héros. Réduis ton ego à zéro et tu seras un héros 57

10. Un nom d'Amma 63

11. Poème 71

12. La cuisinière 73

13. Le conte du bambou 81

14. Seva et samadhi 85

15. Le sac à dos 93

16. Préparation du chai après minuit 101

17. La famille Idamannel 107

18.	Chambrette avec vue	113
19.	La Lumière, à l'intérieur et à l'extérieur	121
20.	La photographe	131
21.	Deux collègues photographes	137
22.	Le jeu est terminé	145
23.	Baignade dans la rivière	151
24.	Bhavani	157
25.	La petite rivière	163
26.	Gayatri-Mantra	167
27.	La bague	171
28.	Les cartes d'Amma	180
29.	Un jeu	187
30.	Leçons de détachement	195
31.	Retour en Suisse	201
32.	La Statue	207
33.	Pépites d'or	212
34.	Conclusion	221
Glossaire		223

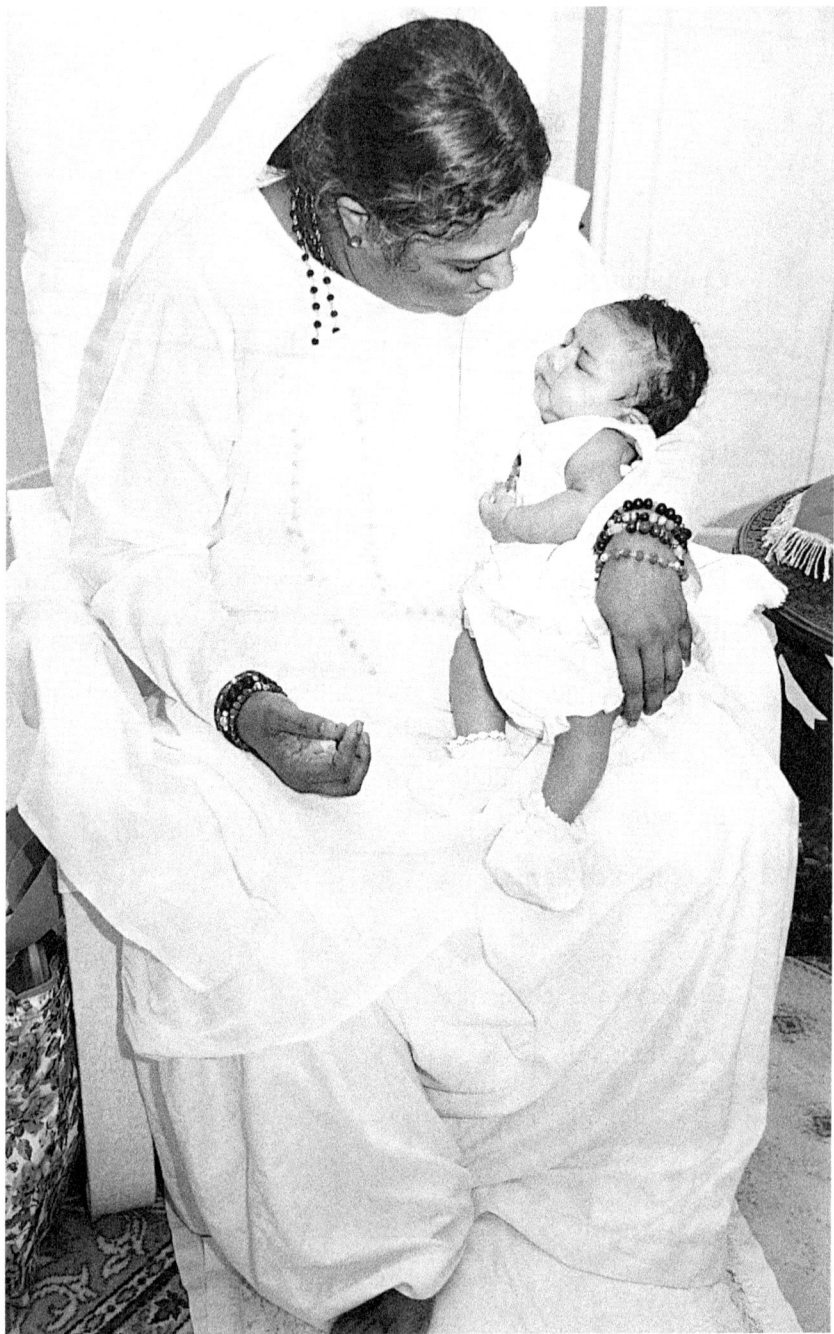

1

Prologue

On ne peut voir le reflet du soleil dans l'eau que si les vagues se calment. Ainsi, on ne peut voir le Soi que quand les vagues du mental se sont apaisées.

Amma

Devant moi une feuille blanche, qui attend de recevoir le premier mot d'un livre. Elle m'oblige à me concentrer entièrement sur le moment présent, car mes pensées s'envolent vers l'avenir et mon « mental » ne cesse d'aligner sur la table d'autres feuilles blanches. Il les remplit de mots, trouve des titres, place des photos et ébranle ainsi par son pouvoir ma capacité de concentration, au point que je me perds et ne sais plus ce que j'aurais aimé confier au livre.

Il s'agit-là, malheureusement, d'un jeu quotidien de mon mental, son jeu favori, auquel il ne se livre, hélas, pas seulement quand je souhaite écrire un livre. Suis-je au marché, des légumes frais à la main ? Il me transporte déjà devant mes fourneaux ! Suis-je en train de me faire une robe neuve pour aller au concert ? Je me vois déjà entrer dans la salle de concert !

Amma dit que notre devoir est de briser la domination du mental et d'en faire notre serviteur obéissant.

Amma, jeune, en train d'écrire

Je travaille sur ce projet difficile, qui exige mon attention totale à chaque seconde ; j'espère que l'écriture va m'aider à concentrer mon mental et, comme le dit Amma, à en tenir la télécommande fermement en main.

Le souvenir d'une situation similaire, appartenant au passé lointain, vient justement me donner une indication sur la manière d'atteindre ce but : je me trouvais dans le parc d'un centre Zen, penchée au-dessus de la terre. J'avais devant moi une large surface ronde, qui avait été autrefois couverte uniquement de cailloux. Mais l'herbe drue et serrée avait poussé librement entre les cailloux et lui donnait maintenant une couleur verte. On appelle cela de mauvaises herbes.

Je songeais à la tâche qui m'avait été confiée et je regardais, abattue, ce cercle. J'étais censée désherber, désherber pour redonner à cette surface de plusieurs mètres carrés son aspect d'origine : un cercle couvert de cailloux.

Sans le moindre enthousiasme, j'étais agenouillée devant cette surface d'une taille écrasante, quand un éclair de compréhension illumina mon esprit : Dirige ton regard sur une seule herbe, sur celle que tu touches à la seconde présente !

Instantanément, mon énergie se rassembla, ma main prit contact avec la terre et avec la première petite herbe. Je tirai dessus avec concentration, vis émerger les fines racines, en secouai la terre et déposai mon trophée vert dans la grande corbeille à côté de moi. Je renouvelai l'opération une fois, des centaines de fois ce jour-là et de nombreux jours suivants, jusqu'à la renaissance du cercle de cailloux.

Me voilà devant une feuille vierge, prête à accueillir mes paroles et mes photos. De nombreuses autres pages blanches lui succèderont et je vais m'efforcer de me concentrer sur une seule : celle qui se trouve devant moi, dans le moment présent.

Puisse Amma nous aider à demeurer toujours attentifs à une seule page du livre de notre vie : celle que nous sommes en train d'écrire maintenant, dans le présent.

2

Biographie

Le but de ma vie est de servir l'humanité
souffrante, sans rien attendre en échange.

Amma

En l'année 1953, un jour du mois de Karthika, sur la presqu'île de Parayakadavu dans l'état du Kérala, au sud de l'Inde, naquit dans une famille de pêcheurs une petite fille qu'ils appelèrent Suddhamani, pur joyau. L'enfant nouveau-né sourit juste après la naissance et à l'étonnement de ses parents et de ses frères et sœurs, se développa de manière tout à fait inhabituelle. A l'âge de six mois, Sudhamani était déjà capable de marcher et de parler et très tôt, elle chanta des chants poignants et des *bhajans* (chants dévotionnels) qu'elle composait elle-même en l'honneur du Divin.

Dans ce milieu de gens simples, personne ne se rendit compte alors qu'une grande âme, un *Mahatma*, s'était incarnée parmi eux.

Les gens du village racontent que tout petite encore, Sudhamani s'occupait de façon touchante des voisins et des voisines pauvres. Elle consolait les affligés, soignait les malades et apportait à manger aux affamés. Elle dérobait chez elle du riz et des lentilles ou bien elle diluait le lait avec de l'eau, dans le but de nourrir ceux qui souffraient.

Elle subtilisa même un jour les boucles d'oreilles en or de sa mère pour les donner à une famille pauvre et leur permettre d'acheter des médicaments. Loin de se montrer compréhensifs, ses parents furent frappés d'inquiétude.

La compassion de Suddhamani ravissait et enchantait les gens du voisinage mais pour sa propre famille, cette enfant constituait un gros problème : elle plongeait souvent dans des états profonds de méditation et dansait publiquement en extase. Par ignorance, les parents punirent souvent leur fille durement dans son enfance et sa jeunesse.

Mais personne ne put jamais empêcher Sudhamani de s'occuper des pauvres. Un jour, alors que quelqu'un était très triste, elle l'étreignit spontanément, ce qui horrifia ses parents et sa famille. Une enfant de douze ans qui étreignait avec affection de parfaits inconnus, parmi lesquels des hommes plus âgés et des gens de castes supérieures, c'était là briser un tabou de la société indienne. Mais Sudhamani ne se laissa jamais détourner de son chemin par les critiques. Amma raconta plus tard qu'à une certaine époque, quand elle traversait le village, les habitants lui jetaient des pierres.

Amma jeune avec deux enfants du voisinage

Quand Sudhamani eut neuf ans, sa mère tomba malade et elle dut quitter l'école pour s'occuper de ses parents et de ses frères et sœurs. Elle devint la servante de la famille, elle cuisinait, nettoyait, lavait, nourrissait les animaux et travaillait chaque jour du lever du soleil jusqu'à minuit. Malgré ce dur labeur et l'incompréhension de sa famille, Sudhamani passait de nombreuses heures, la nuit, en méditation profonde et en ferventes prières.elle vénérait Krishna, dont elle portait toujours l'image sur elle, et elle répétait sans cesse son nom.

Son état d'unité avec l'amour et la compassion universelles de Dieu ne resta pas caché aux gens des alentours et la nouvelle qu'elle était un être extraordinaire se répandit très vite. Bientôt les gens affluèrent vers elle, en quête de conseils et de consolation. Faute d'un autre lieu approprié, ils allaient voir Sudhamani sur la plage, pour passer du temps en sa présence bienfaisante et y puiser le réconfort.

Mue par l'amour et la compassion, Sudhamani faisait ce qu'elle devait faire, sans se soucier des conventions sociales. Pour elle, tous les êtres humains étaient égaux. En offrant ces étreintes, elle prenait très fortement position contre les divisions sociales entre les castes,

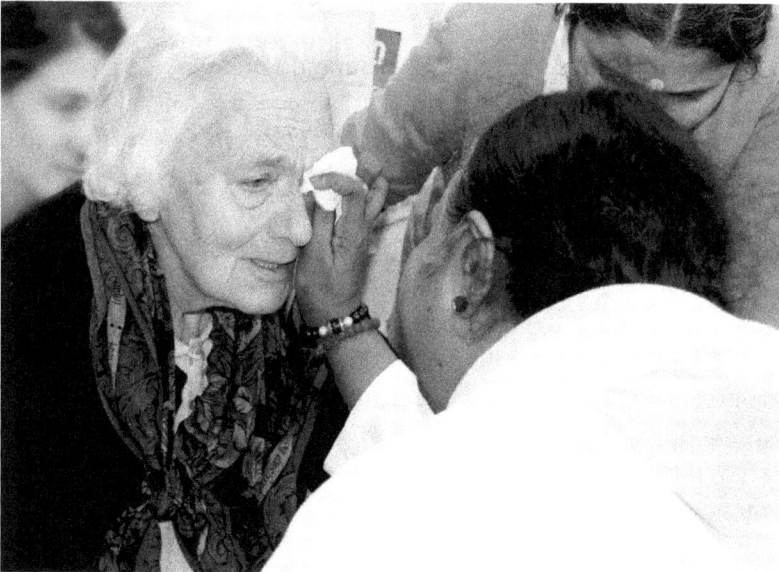

les nationalités et les sexes. « Il n'existe pas de clé capable d'enfermer l'amour, » déclara-t-elle. Sa façon de faire inhabituelle lui valut aussi des ennemis. Pour protéger sa fille, son père Sugunandan transforma son étable en une sorte de temple, dans lequel Sudhamani pu recevoir ceux qui recherchaient sa présence, dont le nombre ne cessait de croître.

Peu à peu, dans toute l'Inde, des chercheurs spirituels entendirent parler de cette fille de pêcheurs, qui avait le don de plonger les êtres humains dans une paix profonde. Certains d'entre eux ne voulurent plus quitter la jeune Sudhamani et restèrent vivre là, pour être proches d'elle.

En 1979, au grand étonnement de sa famille et des villageois, les premiers chercheurs spirituels venus d'Occident arrivèrent aussi dans ce lieu perdu sur la côte de la Mer d'Arabie. Il s'agissait d'hommes jeunes et éduqués. Ayant reconnu les qualités exceptionnelles de cette jeune Indienne, ils lui demandèrent de devenir leur maître spirituel. Ils vécurent alors dans une très grande simplicité avec Sudhamani et les chercheurs indiens, sous les palmiers, dans le sable. L'un d'entre eux, aujourd'hui Swami Turiyamritananda Puri, proposa de lui donner le nom de Mata Amritanandamayi, Mère de la Béatitude immortelle.

Les autres membres de ce groupe de premiers disciples sont aujourd'hui eux aussi des swamis. Ils donnèrent leur accord sur le choix du nom. Pour donner à Amma un peu plus d'indépendance par rapport à sa famille, ils lui construisirent une hutte en feuilles de cocotier tressées.

C'est ainsi que commença l'histoire incroyable de l'ashram d'Amritapuri, où demeurent aujourd'hui trois mille personnes, et qui abrite aussi deux hôpitaux, des universités et des centres de recherche.

En 1987, outre les habituelles tournées en Inde, eut lieu le premier voyage hors de l'Inde de Mata Amritanandamayi. On l'appela dès lors simplement « Amma », Mère ; avec humilité et compassion, elle répand depuis son message d'amour et de service d'autrui dans le monde entier.

Depuis, Amma a touché des milliers de gens, de toutes professions. Des ministres, des scientifiques, des savants, des stars du cinéma, les plus pauvres comme les plus riches, tous recherchent également ses conseils. Elle élève les consciences et transforme grâce à son étreinte, à sa sagesse spirituelle et à son organisation caritative internationale.

L'œuvre humanitaire d'Amma, « Embracing the world », fonctionne essentiellement grâce au travail de bénévoles. Les innombrables activités caritatives aident des personnes en difficulté indépendamment de leur religion, de leur statut social ou de leur caste. L'ONG Embracing the World, en abrégé ETW, a reçu auprès du Conseil social des Nations unies, ainsi que de la section Relations publiques des Nations unies, un statut spécial de conseillère.

Amma à Toulon, France

3

Vis ta vie

Mon âme est un oiseau en vol. Oiseau céleste, oiseau terrestre, vole
dans le monde, et offre lui ton chant. Sans t'attacher, vole et chante.

Prabha

Celui ou celle dont le cœur se languit dès la naissance, cherche toute
sa vie : cherche à retrouver une plénitude qui est silence, et qui est
notre vraie demeure. Ce n'est pas un chemin facile. Il faut nager à
contre-courant, explorer des abîmes, abandonner ce que l'on chérit
et vivre la solitude. L'aiguille de ton compas intérieur ne pointe pas
vers ce qui est conventionnel, ordinaire, mais vers l'Éternel dans ton
cœur, un chemin vers un mystère que tu pressens dans des moments
privilégiés qui te sont offerts. Et quoi qu'il t'arrive sur le chemin, c'est
à toi de demeurer dans l'amour et de faire les pas nécessaires qui te
ramèneront vers ta demeure.

Il existe peu de cartes géographiques qui indiquent l'itinéraire
vers le Royaume de la Plénitude et de l'Unité. Ma carte géographique,
c'est Amma. Et elle a bien voulu que je la trouve.

Du plus loin qu'il m'en souvienne, j'ai cherché Amma. Mais
je vous en prie, ne croyez pas que je cherchais une petite Indienne
vêtue de blanc. Je cherchais plutôt un état dans lequel les pensées se
taisent. Là, je trouvais la paix et l'amour, un sentiment de sécurité

et un lien avec la création entière. Très petite, je me tenais déjà volontiers dans les endroits protégés, un peu obscurs. Je les appelais des « refuges » : des lieux où je pouvais être toute seule. Par exemple sous la machine à coudre ancienne, chez mes parents, où bien derrière les lourds double-rideaux de notre salle à manger, ou bien dans la grande caisse à bois dans la cuisine de ma grand-mère. Mais mon lieu préféré, c'était la forêt, où je me construisais des huttes et des cachettes faites de branches et de rameaux. Je m'y installais, pour être. Dans ces « refuges » je m'asseyais dans le silence et je me laissais sombrer dans un état de non-pensée, pour me laisser porter dans un espace où tout était bien ainsi et où j'éprouvais un sentiment de grand bonheur. En de tels moments, je me sentais aimée et je savais que Dieu, dont ma famille tentait de me donner l'image d'un surhomme qui punit, était mon meilleur ami, et plus encore, mon allié le plus intime.

J'étais une enfant difficile. Difficile à éduquer, difficile à comprendre. Plus grande, j'aspirais intensément à être comme les autres. Je ne pouvais parler à personne de ce que je vivais dans ces moments de retraite intérieure, pas même à mes parents. J'ai donc sacrifié ce qui m'était cher pour m'intégrer dans une vie normale et me perdre moi-même.

J'ai appris différents métiers, je me suis mariée, j'ai eu deux merveilleux enfants et j'ai mené une vie que beaucoup de mes amis m'enviaient. On pourrait dire que je m'étais installée au mieux sur cette planète Terre ; je pouvais donner libre cours à mes talents et à mon énergie. Mais j'étais un être intérieurement agité. J'aspirais à être nourrie, à la plénitude, à la paix, et rien de ce que je vivais ne comblait ce désir.

J'ai commencé à m'intéresser à la spiritualité : le Zen, le Christianisme, le Bouddhisme, et j'ai été l'élève d'un maître chamanique pendant de longues années. Je méditais, je lisais, je discutais et je faisais des retraites avec des gens qui partageaient ma quête. Peu à peu, mon monde intérieur s'est réveillé ; je pressentais en de courts instants une vérité que j'avais oubliée et mon aspiration grandit, finit par s'emparer de tout mon être et me poussa à lutter contre l'absurdité que je ressentais. Mes enfants sont devenus adultes, mon mari a trouvé une autre femme, et Amma est arrivée dans ma vie juste au bon moment.

C'est dans les montagnes suisses, l'été 1989, que je l'ai vue pour la première fois. Une amie qui était déjà allée voir Amma en Inde m'a conduite jusqu'au grand bâtiment ancien du centre spirituel, niché dans un paysage majestueux de hautes montagnes. Dans le temple, dédié à Babaji (d'Haidakan), ne se trouvaient que quelques centaines de personnes. L'atmosphère était légère, enjouée, presque un peu hippie avec de nombreuses familles jeunes, des enfants revêtus de tenues aux couleurs estivales.

Il n'y avait pas de longue queue, pas de tickets de darshan ni de tickets d'échanges, et entre les bhajans régnait un silence bienfaisant. On entendait parfois le rire d'Amma, ou quelques mots en langue étrangère. Amma était assise au bord d'une petite estrade et donnait

à ceux qui s'agenouillaient devant elle une longue étreinte. Nous suivions tous de près cette scène biblique, et regardions les yeux étincelants d'Amma, son merveilleux sourire ; nous l'écoutions lorsqu'elle se mettait à chanter les *bhajans* avec le swami dont c'était le tour, et la regardions se balancer au rythme du *bhajan*, berçant ainsi la personne qu'elle étreignait. Je me suis insérée dans la queue, parmi ces personnes silencieuses, et me suis rapprochée peu à peu d'Amma. Lentement, le temps et les pensées ont disparu, mon corps est devenu poreux et dans ce calme intérieur, né du silence des pensées, il a pris des proportions de plus en plus vastes. Je me suis laissée traverser et remplir par la vibration d'amour émanant d'Amma. J'ai eu le sentiment d'être au seul instant juste, au seul endroit juste. Lorsque mon tour est venu, je me suis coulée tout naturellement dans les bras d'Amma et j'ai fermé les yeux. Pendant cette première étreinte, j'ai ressenti tout ce dont j'avais eu conscience pendant les moments calmes et secrets de mon enfance, et qui m'était cher. J'étais aimée, en sécurité et ouverte, vaste comme l'univers. J'étais arrivée à la maison et j'ai entendu Amma me murmurer avec amour quelque chose à l'oreille qui sonnait comme « Bonsoir, bonsoir » en français. Au-dehors, le soleil d'une chaude journée d'été brillait à son zénith, et moi, celle que l'on attendait, celle que l'on accueillait, j'ai répondu doucement : « Bonsoir, bonsoir », sans regarder Amma qui en fait murmurait : « Shiva, Shiva ». Tout mon être absorbait et ressentait. J'ai su qu'elle était l'Un, Cela. Unie à tout, unie à tout l'univers et unie à moi. J'étais chez moi, et en mon cœur régnait la paix. Pourtant, le troisième jour de la retraite de cinq jours, rien n'allait plus. Une terrible agitation et une méfiance oppressante s'étaient emparées de moi, moi qui auparavant avait dansé avec insouciance dans la vibration d'Amma. Que se passait-il donc dans mon mental ? Mon ego était-il devenu fou ? Mes pensées se croisaient et s'égaraient dans leur course. Dans ma tête se déroulait tout un cinéma de scènes incongrues et ce chuchotement :

« Tu es en train de te laisser attraper dans la toile de l'araignée, tu seras mangée et aspirée. » Une bataille impitoyable faisait rage en moi. Mon mental se croyait en grand danger et faisait tout pour m'éloigner de la merveilleuse expérience du cœur. « Tu es une chamane, ne te laisse pas embarquer dans le monde de cette Indienne, tu vas te perdre... » Bombardée par mes pensées, je me sentais de plus en plus épuisée dans mon champ de bataille intérieur. Souvent,

Schweibenalp 1992

je me tenais dans l'encadrement de la porte et regardais de loin ce qui se passait autour d'Amma. La plupart du temps, je venais de quitter le miroir accroché dans les toilettes, devant lequel je répétais à mon reflet, plongé dans la confusion : « Tu es une chamane, oui, tu es une chamane ».

Irritée et énervée, je me réfugiai le midi dans ma petite tente. Dans mon monde intérieur, rien n'était plus comme avant. Le monde merveilleux qui s'était ouvert à moi renversait des clôtures que j'avais construites, touchait des rêves et des peurs endormis et mon monde intérieur avait sombré dans le chaos. Les pensées m'assaillaient, s'alliaient, se dissolvaient ; insaisissables, elles attaquaient tout ce qui m'avait remplie d'une profonde plénitude les jours précédents.

Pourquoi mon mental ne pouvait-il pas lâcher l'image qu'il s'était fabriquée ? Ou bien mon intellect voyait-il vraiment juste ? Était-ce la raison qui tentait de m'avertir ?

J'allais m'allonger sur mon matelas, quand une voix claire me dit distinctement : « La vérité a du poids ! » Aussitôt, mon corps se fit lourd, comme pour souligner les paroles entendues, et une

Schweibenalp 1992

détente complète s'installa en moi. La guerre qui faisait rage dans ma tête prit fin, les pensées se perdirent dans le néant et mes cellules se remplirent d'une vie qui pulsait. J'étais de nouveau en présence d'Amma, en sécurité dans une étreinte invisible. Les yeux fermés, silencieuse, comme quand j'étais enfant, je restai assise dans ma cachette et laissai la transformation se produire : la transformation de la femme chamane en l'enfant d'Amma.

Le soir même, l'enfant nouveau-né d'Amma fit ses premiers pas dans la grande tente, dans laquelle Amma donnait ce soir-là le darshan. Je trouvai sans peine une place au troisième rang et m'assis sur un sac de jute qui servait de tapis, pour écouter les paroles d'Amma, puis les *bhajans*. Je me sentais très proche d'Amma ; une ancienne complicité avait été retrouvée et j'aspirais à recevoir son darshan.

Pendant les prières de clôture, je vis que déjà se formaient à droite et à gauche d'Amma les files de darshan ; les gens attendaient silencieusement la rencontre avec Amma, en deux longues queues.

Et pendant que je regardais avec quel amour Amma étreignait les personnes qui reposaient sur son épaule, parfois chuchotait quelque chose à l'oreille, parfois mettait un point de pâte de santal sur le front, les rangs qui se trouvaient devant moi disparurent et je me retrouvai devant Amma, qui tendit la main vers moi. De nouveau, je reposai les yeux fermés dans les bras d'Amma, pour m'oublier dans ce refuge, et j'allais me laisser emporter, quand soudain, tout s'immobilisa autour de moi et en moi. J'avais le sentiment d'être dans un espace vide d'air, rempli d'un bruissement puissant, et les forces intérieures qui me poussaient loin d'Amma disparurent brusquement. Surprise de ce changement, j'ouvris les yeux et regardai, étonnée, dans les yeux sombres, lumineux et doux d'Amma, qui brillaient juste devant les miens et semblaient dire : « Là est la vérité qui a du poids. Ne t'éloigne pas ! Viens avec moi faire le voyage vers le grand mystère du cœur. Fais-moi confiance et je guiderai tes pas ! »

Je l'ai suivie.

Lorsque j'ai vu Amma pour la première fois, ses yeux ont regardé dans les miens. Mais mes yeux n'étaient pas mes yeux, ils étaient mon cœur et Amma regardait dans mon cœur. Mais mon cœur n'était pas mon cœur, il était l'univers. Et les yeux d'Amma et les miens se sont rencontrés.

Prabha

Au bord d'un fjord en Suède

Votre être réel ressemble au ciel, non aux nuages. Le ciel est pure conscience, comme l'océan est pure conscience. Le ciel est l'observateur silencieux des nuages et l'océan, l'observateur silencieux des vagues. Nuages et vagues apparaissent et disparaissent. Le ciel et l'océan sont le fondement de leur existence.

Il en va de même de ton mental et de tes pensées. Ils sont irréels et ne durent pas, comme les nuages qui passent au ciel et les vagues éphémères de l'océan.

Ils ne peuvent pas toucher la vérité en toi. Sous la surface, ta conscience divine demeure pure et immaculée. Tu es Existence pure et immuable.

Amma

4

Tu es un aigle royal

La première histoire que j'ai entendue raconter par Amma.

Un aigle royal grandit dans un poulailler, parce que l'œuf avait été déposé et couvé là. Il caquetait avec les poules, picorait les graines par terre, se nichait dans les creux chauds de la terre et faisait gonfler ses plumes. A la tombée de la nuit, il allait avec les poules dans le poulailler et dormait avec elles sur un perchoir en bois.

Un beau jour, alors que l'aigle-poulet grandissant était justement en train de nettoyer ses ailes devenues très grandes, il y eut un bruissement dans l'air et un aigle royal majestueux se joignit à lui. Effrayé, l'aigle-poulet se cacha devant le puissant animal.

Cela se reproduisit, jusqu'à ce que l'aigle royal réussisse un jour à s'approcher de l'aigle-poule apeuré. « Que fais-tu ici ? lui dit-il, Pourquoi caquètes-tu avec les poules sur la terre et ramasses-tu les graines ? Ne vois-tu pas que tu es un aigle royal comme moi, et que tu es né pour t'élever haut dans le ciel et y décrire des cercles en toute liberté ? » Incrédule, l'aigle-poulet contempla le magnifique oiseau et caqueta tout confus : « Laisse-moi tranquille, je suis très heureux dans ma famille, j'ai tout ce qu'il me faut, et la vie que je mène me plaît. »

Mais l'aigle royal ne le laissa pas tranquille et dit d'une voix douce à l'aigle-poulet : « S'il te plaît, viens avec moi ! » Il conduisit son congénère près d'un étang. Il lui demanda de regarder dans l'eau et lui montra son reflet.

A cet instant-là, l'aigle-poulet reconnu ce qu'il était réellement, et avec le cri d'un aigle royal, il s'éleva haut dans le ciel bleu, avec son congénère. Amma est notre Mère-aigle-royal, qui nous rappelle

sans cesse ce que nous sommes en réalité : des êtres divins dans un corps humain !

L'amour, la compassion, la lumière et la force attendent en nous de s'éveiller, pour se répandre à travers nous dans le monde.

Schweibenalp 1992 devant le chalet

5

Pétales de Devi Bhava

Je suis la source à laquelle tu bois. Tu ne peux pas
me posséder, mais tu peux t'unir à moi.

Prabha

Amma m'avait trouvée et je me suis sentie acceptée ! Je jubilais. Dans le jardin de mon cœur, le printemps est arrivé et des milliers de fleurs tendres ont fleuri. Enivrée de son doux parfum, j'oubliai tout ce que j'avais confié à une amie avant de venir voir Amma.

Je lui avais dit alors d'un ton catégorique : « Pour moi, seul un maître qui est aussi capable d'être sévère entre en question. Toujours gentil, gentil, ce n'est pas pour moi, cela ne m'apporterait rien du tout ! »

D'un pied léger, je dansais dans l'amour d'Amma, enfant heureuse et insouciante, sans me douter le moins du monde qu'Amma savait exactement ce que j'avais dit quelques semaines auparavant sur le guru adéquat pour moi. Comment aurais-je pu m'en douter ! Je n'avais aucune idée de la grandeur universelle d'un être tel qu'Amma. Elle savait de moi tout ce qu'elle avait besoin de savoir, et elle choisit la nuit du Devi bhava pour se mettre en contact avec moi et me rappeler mon désir d'avoir un maître sévère.

J'ai passé une nuit fascinante. D'Amma émanait une force immense et une beauté supraterrestre. Dans son sari de soie coloré et avec la couronne qui la parait, elle semblait l'incarnation de l'énergie de Dévi, de la Mère divine. Son corps vibrait et faisait tintinnabuler les clochettes de ses bracelets de cheville. Je regardais les gens s'approcher d'elle à genoux, et comment elle les prenait l'un après l'autre dans son giron, pour les étreindre et les cajoler. Je la voyais chuchoter quelque chose à l'oreille de chacun, mettre de la pâte de santal sur le front, consoler, apaiser, encourager, guérir. Dans son giron, tous étaient égaux et élevés à un amour infini. Dans ses yeux brillait la compassion, ses gestes venaient d'un centre invisible. Je la percevais comme une offrande sacrée à l'humanité, incarnée pour tous ceux qui souffrent, qui cherchent, qui ont soif. Une digue se rompit en moi et dans le flot de son amour, mes larmes se mirent à couler silencieusement.

C'est elle que j'avais attendu sans le savoir. Pour rendre le lien avec Amma indissoluble, je voulais un mantra et je me suis mise dans la queue interminable, derrière la tente. Mais comme il était dur d'attendre là pendant deux heures, malgré la nuit chaude, le ciel plein d'étoiles et les montagnes qui nous entouraient, protectrices.

C'est qu'Amma était à l'intérieur et que je me languissais d'être en sa présence et de prendre part à tout ce qui se déroulait de merveilleux. Je me suis dit : « C'est un test, il faut mériter ce qu'il y a de plus précieux. » Et j'ai attendu, attendu, acceptant d'être mise à l'épreuve sur le sujet d'étude qu'est la patience, jusqu'à ce que ce soit mon tour d'entrer à nouveau dans la lumière de la tente qui servait de temple.

Puis un swami vêtu de jaune me demanda : « Quelle est ta divinité d'élection ? » Je vis tout de suite que la liste des divinités était vide chez moi. Je lui répondit qu'il fallait que ce soit quelque chose de féminin, et je m'agenouillai à la droite du siège d'Amma. Le swami s'entretint avec Amma, qui me regarda en m'examinant, attira ma tête à elle et murmura à mon oreille des paroles que je n'avais encore jamais entendues, mais dont la sonorité éveilla en moi le souvenir d'un monde ancien.

Les syllabes étrangères se répandirent en moi, comme si elles voulaient en prendre possession. Le swami indiqua qu'Amma voulait que je m'assoie à côté d'elle, pour répéter trois fois le mantra que je venais de recevoir. Amma montra du doigt une place juste à côté de sa chaise. Puis elle me mit des pétales de fleurs dans la main et le swami me donna un petit papier. Je devais lire à haute voix les syllabes de mon mantra et chaque fois, offrir les pétales après le mot *namaha* (je me prosterne). Je fis de mon mieux pour rendre possible ce qui m'était impossible. Mes lèvres formèrent les syllabes étrangères, ma voix produisit le son et mes mains réussirent aussi à offrir les pétales. Amma suivit avec grande attention mes gestes et mes sons maladroits, me corrigea, me fit répéter après elle, sourit d'un air amusé et prit la forme d'une mère universelle, me faisant redevenir une petite écolière ignorante. Du début à la fin, j'ai eu le sentiment d'être une débutante complète, et c'était exactement ce que voulait Amma.

Mon mental devint silencieux, vaste et réceptif. Ce qui se passait de merveilleux autour d'Amma, le flot de son amour, le rayonnement de ses yeux, le son de sa voix et des clochettes à ses pieds, la splendeur de son sari et de la couronne, les couleurs et la musique des swamis qui chantaient, tout cela s'unit en moi pour former une danse enivrante qui vibrait dans chaque cellule de mon corps.

Quand toutes les personnes présentes eurent reçu leur étreinte, Amma se leva solennellement et s'avança lentement vers le bord de la scène. Tout le monde défila devant elle en rangs serrés, riant, rayonnant de joie ou triste. Amma puisait à pleines poignées dans une corbeille remplie de pétales de fleurs, qu'une femme vêtue d'un sari blanc lui présentait. Elle lançait ensuite les pétales avec force et jusqu'à une grande distance de la scène, tandis que résonnait le chant intense des swamis, accompagné de l'harmonium, des tablas et des cloches. En une nuit, la tente était devenue pour moi un temple.

Je riais, je sentais les pétales sur ma peau, je dansais de béatitude et je voyais la bénédiction de pétales que lançait Amma se transformer devant mes yeux en flocons de neige qui flottaient lentement, tombés du ciel. J'étais une enfant qui dansait et attrapait des fleurs-flocons de neige, quand soudain, il me sembla qu'un couteau me déchirait la joue droite et je ressentis une douleur brûlante.

Je portai rapidement la main à cet endroit, m'attendant à voir du sang. Mais à ma grande surprise, il n'y avait pas de sang sur ma main, malgré la sensation persistante d'avoir été blessée.

Qui m'avait donc fait cela ? Je cherchai des yeux le coupable et vis que tous les yeux étaient fixés avec bonheur sur Amma. Dans l'euphorie des pétales, j'avais complètement oublié sa personne. Elle était devenue tout ce qui m'entourait, elle était les pétales, elle était les flocons de neige qui tombaient en été et elle était le ciel, d'où ils tourbillonnaient ! Oui, elle était nous tous et notre bonheur et maintenant, je regardais, comme si je sortais d'une transe, la scène et je regardais tout droit dans les yeux d'Amma.

Ils ne souriaient pas, son visage était sombre, et il me semblait qu'un sourire se jouait sur ses lèvres, un sourire indiquant qu'elle savait. Je restai comme pétrifiée. Amma avait-elle jeté sur moi une poignée de pétales avec une telle force, que les fins pétales m'avaient fait penser à une lame blessante ? Oui, c'est bien ce qui avait dû se passer, car Amma me fixait du regard et ses yeux me disaient : « Voilà ton Maître spirituel, qui n'est pas toujours gentil, gentil, mais qui peut aussi se montrer sévère. »

Puis Amma sembla se transformer complètement devant moi en un être divin. Elle rayonnait d'une lumière dorée et me faisait l'effet d'une *murti*, une de ces statues de pierre indiennes qui représentent une divinité. Un être me regardait, un être parti dans un monde auquel je n'avais pas accès. Puis le rideau se ferma de manière inattendue devant elle, la musique se tut et quelqu'un m'invita à m'asseoir dans un cercle pour apprendre comment utiliser mon mantra.

Mais que fis-je alors ? Je me précipitai vers ma tente, la démontai à la vitesse du vent, me fis conduire au bas de la montagne par deux jeunes personnes et sur le parking, je montai dans ma voiture pour fuir dans la lumière du jour naissant. Fuir ce qui tiraillait chaque fibre de ma vie et me disait que je ne serais plus jamais la même Anna.

Sur le chemin du retour, il y avait un lac et quand je suis arrivée là, les premiers rayon du soleil tombaient sur l'eau.

C'était l'aube et je me trouvais seule au milieu de la nature qui s'éveillait. Je garai ma voiture sur la berge, ôtai mes vêtements et nageai dans les rayons dorés de la lumière du soleil, loin dans le lac aux eaux fraîches.

Puis je m'assis sur une grosse pierre dans l'eau, à côté de moi quelques pétales de fleurs se balançaient sur les vagues, comme s'ils voulaient me dire que tout ce que je venais de vivre au cours des derniers jours n'était pas un rêve. Tenant le petit papier donné par le swami, je récitai mon mantra, comme Amma me l'avait appris, et c'était comme si les montagnes, le lac, les rayons de soleil et le ciel bleu s'accordaient et répondaient à ces antiques paroles de l'humanité et à leur puissance universelle.

Je rentrai rafraîchie chez moi, me mis au lit, y passai quelques heures sans dormir avant de retourner le soir sur la montagne, vers Amma. Les swamis chantaient quand j'entrai dans la salle qui servait de temple et il me sembla que le chant me souhaitait la bienvenue. Amma étreignait, elle m'étreignit aussi, moi qui était revenue, heureuse. Elle prit ensuite congé de nous et de ce lieu situé dans les montagnes.

Elle était assise à l'arrière d'une voiture qui franchissait lentement le portail d'entrée. De son côté, la vitre était baissée et elle tendait la main à toutes les personnes présentes pour qu'elles la touchent une dernière fois. J'étais seule dans la pénombre de la

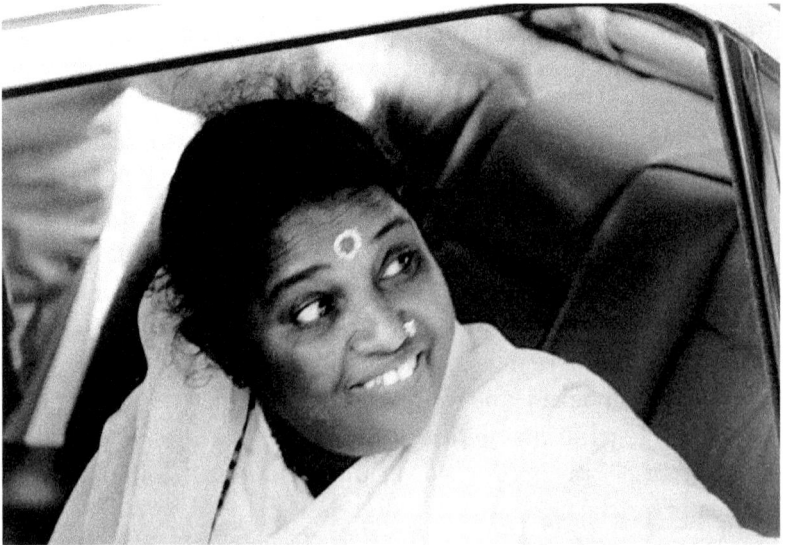

forêt, quand nos paumes se touchèrent et que deux yeux brillants répondirent à mon regard. Elle était partie, mais elle était là. Je sentais son contact. Elle n'était pas seulement le petit corps vêtu de blanc d'une femme indienne. Elle est restée en moi sous la forme de l'amour, comme une force de croissance, grâce à laquelle ma vie a pris une nouvelle direction. Tous les petits affluents intérieurs, qui se cherchaient et coulaient en méandres, se trouvèrent réunis en un seul fleuve grâce à sa présence. Un fleuve qui coule encore aujourd'hui, en prenant de l'ampleur, vers son but : l'union avec la mer.

6

L'envol vers Amritapuri

Silence mon cœur, silence absolu. Au plus profond de toi,
je veux entendre le chant d' Amma
et ouvrir les bras pour danser dans l'Amour.

Prabha

Ma vie en Inde a commencé en janvier 1990, quand j'ai atterri au petit aéroport de Trivandrum, dans un vieil avion d'Air India. Puis a commencé ma recherche du temple d'Amma. Elle allait durer des heures.

Il n'y avait qu'une seule route vers ce lieu sacré, et mon chauffeur de taxi, un homme d'un certain âge, l'a cherchée pendant plus d'une demi-journée. J'étais assise à l'arrière d'une vieille Ambassador, et je montrais à toute personne à qui mon chauffeur, complètement perdu, demandait des renseignements, un papier avec l'adresse d'Amma et sa photo. Je ne comprenais pas un mot de ce qui se disait. Je voyais juste que certains secouaient la tête, ce qui en Inde veut dire « non », tandis que d'autres bougeaient la tête d'une manière qui devait signifier « oui ».

Parfois, un homme était invité à monter dans le taxi, et quelques kilomètres plus loin, certains de ceux que l'on interrogeait pour nous indiquer le chemin montraient la direction opposée ; un jeune homme, en riant, arracha la photo d'Amma du papier qui avait l'adresse ; dans l'ensemble, ils étaient tous plus intéressés par mon visage de *madama* (femme occidentale) que par le lieu de résidence d'Amma. J'aurais perdu tout espoir si je n'avais pas été fermement convaincue qu'Amma m'attendait. Le voyage sur la route poussiéreuse, que se partageaient les piétons, les cyclistes, les charrettes, les attelages de bœufs, les remorques surchargées, les voitures et les bus, semblait interminable ; seul me restait l'espoir que nous allions au moins dans la bonne direction.

Soudain, le chauffeur montra pour de bon un panneau indicateur dont le nom se trouvait aussi sur mon papier puis il tourna, emprunta une route étroite, dans la nature. La route traversait des villages simples, des forêts de palmiers, passait devant des temples colorés et des fleurs de lotus épanouies sur l'eau. Je voyais des hommes assis devant de petites échoppes, qu'ils fermaient la nuit avec quelques planches en bois, des femmes qui portaient des cruches en métal brillant, qu'elles avaient remplies à la fontaine publique à côté de la route et des enfants qui avaient pour école des cabanes ouvertes. Puis la route se termina brusquement, et de l'autre côté d'une large rivière, je vis mon but. Les petits *mandapams* sur le toit du temple dépassaient des palmiers, à l'ombre desquels se trouvaient le temple d'Amma et les maisons voisines, celles des pêcheurs.

Sur la berge de la lagune, qui ressemblait à un large fleuve, étaient amarrées de simples barques. Un passeur me fit signe, quelqu'un s'empara de mes bagages, et je me retrouvai en un clin d'œil dans une petite embarcation que le batelier faisait avancer avec une longue perche. Inutile de dire que j'étais une attraction. « *Saipe* (une étrangère) », disaient les femmes dans leurs saris colorés et les hommes dans leurs dhotis à carreau. Tous les regards m'observaient à la dérobée, et tous discutaient très fort et en pouffant de rire, en se demandant d'où je pouvais bien venir ; je me trouvais debout au milieu de mes nouveaux voisins et j'essayais de garder l'équilibre, pendant que la barque m'emportait vers de nouveaux rivages.

Barque qui effectue la traversée vers le temple d'Amma.

J'avais bien conscience à quel point cette traversée était symbolique. Dans les Écritures de l'Inde, il est dit que nous naissons pour traverser l'océan du *samsara* (les naissances et les morts répétées), et que ce voyage nous mènera d'une vie vécue dans le mental limité à une vie dans le Soi infini.

C'était maintenant mon tour de traverser cet océan sous la forme de la pittoresque lagune ; excitée par la curiosité, j'étais debout dans la barque d'un passeur robuste, vêtu d'un dhoti rouge qu'il avait remonté. Le grand temple d'Amma était encore en construction et Amritapuri ne s'appelait pas encore Amritapuri, quand je suis arrivée avec mes maigres bagages devant le sanctuaire impressionnant. Je voulais rester trois mois. Je suis restée dix-sept ans.

Le darshan était déjà terminé quand j'ai monté les marches jusqu'à la petite boutique où l'on devait s'annoncer. La boutique était tenue par une résidente occidentale de l'ashram, qui me donna une place dans le « dortoir de Kali » et m'informa de la tenue vestimentaire réglementaire à l'ashram : une jupe qui cachait les chevilles et par-dessus la blouse, un châle qui cachait les formes féminines. J'achetai deux tenues et fis mes premiers pas dans le monde indien d'Amma.

Comme il était merveilleux d'entreprendre un voyage d'exploration, curieuse et l'esprit ouvert. Tout m'était étranger, rien ne pouvait être étiqueté par le mental. Il n'y avait qu'à regarder et à s'étonner.

Il y avait de nombreuses lagunes, de petits étangs entre les maisons. Les pêcheurs, leurs dhotis remontés, y lançaient leurs filets et tapaient dans les mains pour attirer les poissons hors de leurs cachettes. Le village était parsemé de modestes habitations, pour la plupart en feuilles de cocotier tressées, et des grand-mères étaient assises sur le seuil de la porte pour surveiller de petits enfants à peine vêtus, tandis que des femmes, dans leurs longues robes de maison en coton indien, cuisinaient à l'air libre derrière la maison et nettoyaient les ustensiles ménagers avec de la cendre ou du sable. Et puis la mer ! Sur la plage, du sable fin, sombre, sur lequel reposaient de grands et archaïques bateaux de pêche. Les pêcheurs reprisaient leurs filets et, le travail terminé, jouaient aux cartes. La péninsule sur laquelle se

Travaux domestiques sur la berge de la lagune

trouvait l'ashram d'Amma n'avait que six cents mètres de largeur et les gens y vivaient dans une grande pauvreté.

Je ne trouvai que quelques échoppes fabriquées avec de vieilles planches, où l'on vendait essentiellement des sucreries colorées stockées dans de grands bocaux. J'étais reconnaissante de pouvoir acheter de l'eau potable purifiée à la boutique de l'ashram, tenue par deux Occidentales, et de pouvoir manger trois fois par jour un

Pêcheurs sur la plage

repas de riz et de curry dans la grande salle à manger où nous nous asseyions par terre en longue rangées.

Un petit abri en tôle ondulée devant le temple, c'était la boutique où l'on vendait des livres et aussi des photos.

Une photo des pieds d'Amma sur un tissu jaune, où étaient imprimées des lettres mystérieuses, me fascinait. Je l'achetai, la mis dans mon journal et j'écrivis un commentaire : « Je suis là où Dieu pose ses pieds sur la terre. » Puis je m'endormis sur la natte, à l'étage inférieur des lits superposés. Le lendemain, je vis Amma. Entourée de nombreux Indiens et de quelques Occidentaux, je m'assis sur le sol de la hutte de darshan, toute en longueur. Accrochés aux murs en bois et en feuilles de cocotier tressées, il y avait des images de saints et de divinités. Notre attente était accompagnée d'une vibration intense. Toutes les pensées étaient fixées sur Amma et sur la petite porte, par laquelle elle pouvait entrer à tout moment.

A l'avant était installé le siège d'Amma, un *peetham*, une sorte de divan en bois recouvert de tissus indiens. Notre attente méditative se termina soudain, quand la porte précieuse s'ouvrit presque sans bruit et qu'Amma entra prestement dans la hutte. A son entrée se répandit aussitôt une vie qui pulsait. Les têtes se tendaient et tous les yeux étaient fixés sur un seul point : Amma, qui attira à elle la personne la plus proche et fit glisser sa main droite en longs mouvements le long de son dos.

Une femme se mit à chanter en s'accompagnant à l'harmonium. Chaque ligne chantée était reprise en chœur par nous tous et parfois, Amma se mettait elle aussi à chanter, tandis qu'elle berçait doucement la personne sur ses genoux au rythme du chant. A ce moment-là, jamais je n'aurais pensé que je serais un jour la femme qui chanterait pour Amma avec les personnes assises dans la hutte, pour louer le Divin dans cette atmosphère enchanteresse.

Attendre Amma dans la hutte de darshan

Les chants, la chaleur indienne, les gens qui attendaient patiemment et Amma, si près de moi, tout cela me fit oublier le temps ; quand elle me prit dans ses bras, mes pensées se turent, laissant place à la joie pure. Amma joua avec mon châle, tout en me gardant dans ses bras et en me berçant ; elle inventa ce jeu rien que pour me permettre d'atterrir vraiment près d'elle.

Avec un sentiment de plénitude, je quittai la hutte et j'allai m'asseoir au bord de l'eau, sur la sable, juste derrière la cloison de la hutte. De l'autre côté du mur, Amma donnait le darshan. Les yeux fermés, je laissai le contact avec Amma agir en moi ; une énergie vibrait en moi et me traversait, ma tête était vide et tous ceux que je chérissais étaient avec moi, dans mon cœur. Avec moi, ils recevaient l'étreinte et la bénédiction de l'amour infini qu'est Amma.

Une vue des backwaters

43

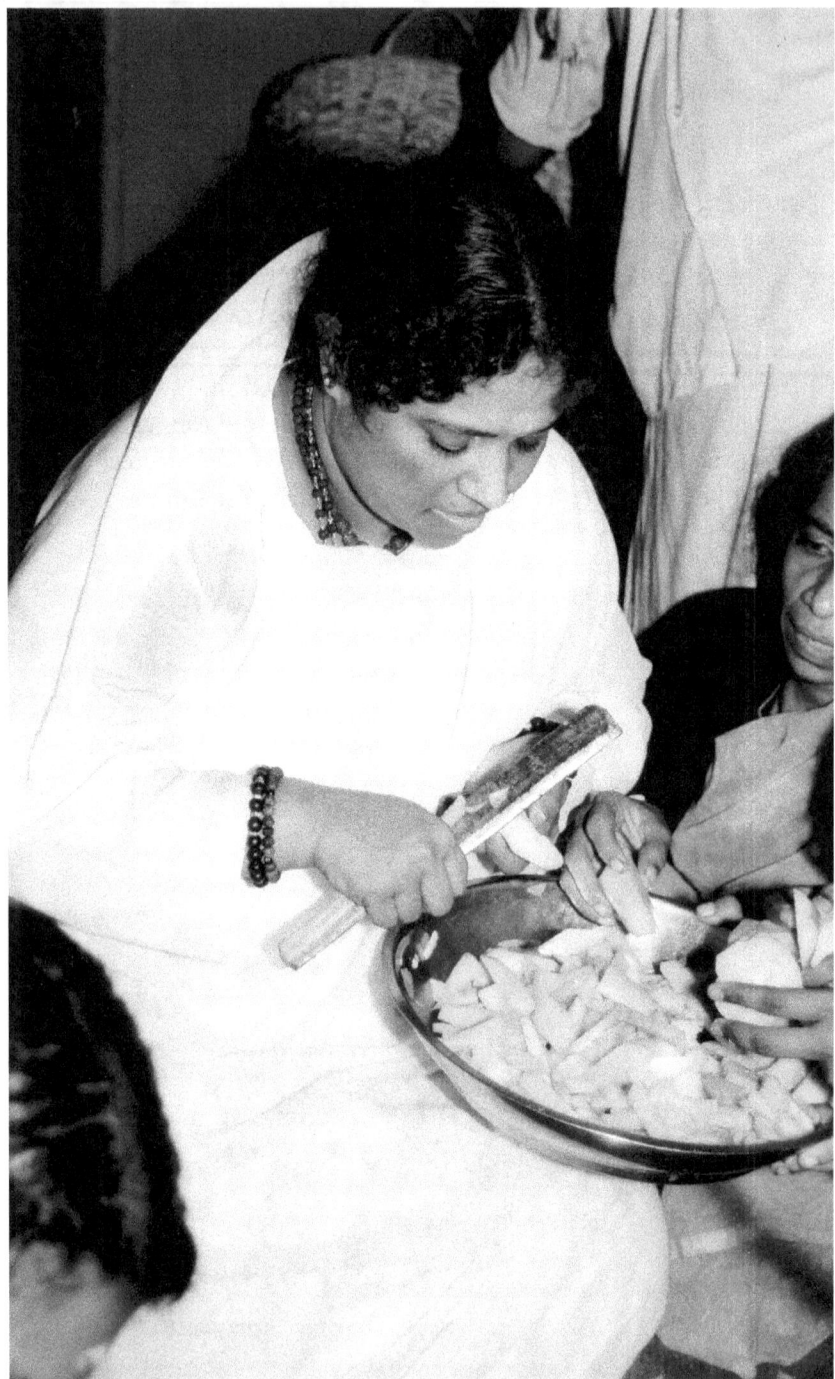

7

Les premiers jours à l'Ashram

Sois ma faculté de perception, Amma, afin que je sache : quand l'épée de Kali m'exécute, Tu es celle qui me transforme en amour.

Prabha

Quelqu'un me demanda : « Dis-moi ce qui a changé en toi depuis que tu connais Amma ? » Je répondis spontanément et simplement : « Amma m'a montré que j'étais aimée. »

Le fait irréfutable d'être aimée et de me sentir aimée fut le premier grand cadeau d'Amma, et il changea toute ma vie.

Archana le matin dans le temple de Kali

L'amour d'Amma ouvrit en moi un espace, dans la paix duquel je pouvais regarder les choses avec plus de détachement et à une certaine distance. Il m'a bien fallu constater à quel point ma vie était exclusivement marquée par des facteurs extérieurs. Mon ego, qui est aussi ma personne, réagissait aussitôt à tout ce qui m'arrivait, se sentait attaqué, se défendait, ne voulait s'autoriser aucune faute, voulait donner une bonne image de lui-même, voulait le pouvoir. Je me trouvais au fond d'un cachot très profond, que j'avais moi-même construit, et Amma avait bien l'intention de m'en délivrer, à tout petits pas. Ici, à Amritapuri, tout était fait pour mettre mon ego en difficulté, et pas seulement le mien. Amma était déterminée à s'occuper des egos de tous ceux qui vivaient ici, et on était tenté de penser qu'elle n'aurait pas pu choisir un meilleur endroit pour cela. Pour moi, il y avait ici une langue que je ne pouvais ni comprendre ni lire, et la conséquence, c'est qu'il m'était impossible d'argumenter, de manipuler ou de me montrer sous mon meilleur jour. J'étais donc obligée de me définir autrement.

La mentalité indienne m'était totalement étrangère, et je découvris que la bonne éducation et la bienséance avaient ici un tout autre visage. Je me heurtais à de nombreuses habitudes et règles que j'enfreignais dans mon ignorance, si bien qu'il fallait me réprimander d'une manière ou d'une autre. Ma réputation en souffrit donc pas mal, dès les premières semaines. Beaucoup de mes habitudes ne récoltaient que des signes de tête réprobateurs, et ce que j'avais appris n'était plus valable. Je fus contrainte, sans merci, de m'observer ainsi que mes réactions, et d'en tirer les leçons. Et certaines choses qui, auparavant, se cachaient habilement en moi, inaperçues, apparurent au grand jour. La colère et l'impatience se manifestèrent, et l'orgueil ne venait pas en dernier. Je reconnus que selon moi, les résidents de l'ashram auraient dû être à la hauteur de l'image de sainteté que je m'étais fabriquée. Je ne me sentais ni comprise ni acceptée par eux et cela fit remonter des projections humiliantes. Ce n'est pas ainsi que je m'étais représenté « la perte de l'ego ».

Il était souvent affreux et humiliant de devoir regarder et accepter les facettes négatives de ma personnalité, car Amma mettait le doigt très habilement sur mes faiblesses. Si j'ai pu résister, si je ne me suis pas enfuie, c'est qu'à un niveau plus profond, grâce au pur amour d'Amma et à son infinie compassion, j'étais reliée à elle et qu'elle touchait en moi quelque chose que j'avais cherché toute ma vie.

« Cet Ashram est comme un énorme tambour de machine à laver et polir les pierres, nous dit un jour Amma. De nombreuses pierres précieuses à l'état brute y sont lavées, rincées et essorées, jusqu'à ce que toutes leurs arrêtes tranchantes s'émoussent par le frottement mutuel et se mettent à briller ». J'étais sans aucun doute faite d'une pierre très dure, et en-dehors de mes merveilleux moments en présence d'Amma, je me retrouvais sans cesse dans la machine à polir les pierres.

En Suisse, ma profession était de fabriquer différentes sortes de flûtes de bambou, et j'en jouais aussi. J'en avais emporté quelques-unes en Inde. Je m'étais dit : « On ne sait jamais, peut-être qu'Amma aimerait entendre ma musique, ou même m'inviter à lui jouer quelque chose, et éventuellement m'intégrer dans le groupe de ses musiciens ? »

Mais il n'en fut pas ainsi. Mon travail, appelé *seva*, commençait à sept heures du matin après la récitation, dans le grand temple, des

La coupe des légumes, très fins

cent huit noms d'Amma et de l'*archana*, les mille noms de la Mère divine. C'était un *seva*, un service désintéressé, qui comportait de nombreuses surprises. Il s'agissait de couper les légumes pour le *curry* et le *sambar*. Nous étions une douzaine, Indiens et Occidentaux, assis sur le sol carrelé du grand réfectoire. Devant nous étaient posés des planches en bois et de grands couteaux indiens, avec lesquels nous

nous attaquions à des montagnes de légumes variés. Nous étions dirigés par un résident de l'ashram âgé, que l'on appelait *acchan*, comme tous les autres résidents indiens d'un certain âge, ce qui veut dire « père ». Comme il était originaire de la ville de Calicut, on l'appelait Calicut *acchan*. Il savait exactement comment il fallait couper quel légume, et nous donnait toujours un modèle à suivre. Pour le *curry*, les morceaux devaient être rectangulaires, parfois plus gros, parfois plus petits. Pour *aviel*, les morceaux devaient être en longueur, plus ou moins épais. Et pour *toren*, il fallait couper très fin avec les grands couteaux. Il était fascinant de préparer des légumes que je n'avais encore jamais vus. Il y avait par exemple la grosse racine brune appelée pied d'éléphant, ou *chena*. Elle était vraiment laide à regarder, et pour la couper, il fallait s'enduire les mains d'huile.

Je la coupai tout d'abord en deux et je m'émerveillai de voir à l'intérieur la couleur lumineuse d'un coucher de soleil. La pensée me traversa alors que cela peut être pareil avec les êtres humains. J'entendis Amma dire : « Ne dis jamais de mal des autres, tu ne sais pas comment ils sont à l'intérieur. »

Dès le premier jour, je reçus une leçon dans le domaine du « moi » et du « mien ». J'épluchais avec zèle mes carottes, pour ensuite les couper, et je m'efforçais d'être rapide, honnêtement, d'être la plus rapide. Satisfaite, je comparais le tas de carottes qui s'empilaient devant moi avec ceux des autres. Dans le concours que j'avais organisé dans ma tête, j'étais bien placée, quand soudain, horrifiée, je constatai que mes carottes avaient disparu. En colère, je me demandais qui donc avait pris mes carottes. Et je regardai discrètement à la ronde, en cherchant le coupable. Une jeune Indienne était assise à côté de moi et coupait prestement ce que j'avais épluché. Horrifiée, je regardai autour de moi pour voir si quelqu'un avait remarqué ce crime. C'est alors que je constatai que certains épluchaient, comme moi, tandis que d'autres coupaient, comme elle.

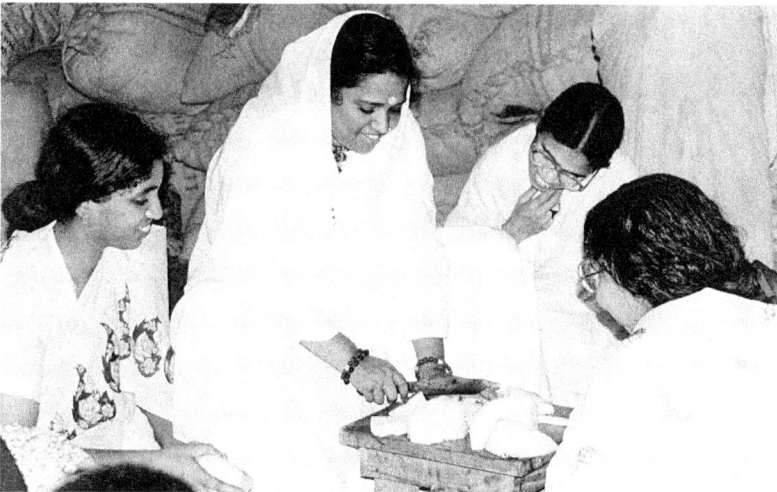

Travailler ensemble

Grâce à cette histoire, je pus voir à quelle vitesse mes pensées transformaient des objets neutres en possessions, et j'appris en même temps la répartition indienne classique du travail, qui implique beaucoup moins d'ego que notre monde du travail occidental.

Ce jour-là, le schéma de pensée compétitif que j'avais reçu de mon éducation me fut impitoyablement mis devant les yeux. J'ai dû constater avec honte que certaines attitudes s'étaient infiltrées dans ma vie et que je dansais inconsciemment sur leurs mélodies : être bonne, pour être aimée ; être rapide, pour être félicitée ; être gentille, pour plaire…. Chez Amma, il y a d'autres enseignements. En ce qui concerne l'histoire que je viens de raconter, par exemple : « Sois ici et maintenant. Concentre toute ton attention sur l'instant présent et sur ce que tu es en train de faire, sans penser aux fruits de tes actions ». Après la coupe des légumes, je me retirais souvent dans une des pièces à peine construites du cinquième étage du temple, pour jouer sur ma flûte préférée. Je l'avais particulièrement bien réussie et chez moi, quand j'improvisais, notre chat venait souvent se coller à moi et s'étirer sur la musique.

Un petit Krishna d'Amma avec la flûte

Je n'avais pas encore totalement enterré mon désir qu'Amma découvre en moi une flûtiste de talent. Quand je jouais, je m'imaginais qu'Amma, de sa chambre, m'écoutait. J'étais de nouveau dans un trip de l'ego, je voulais qu'elle entende ma merveilleuse musique et je voulais même que cette musique lui rappelle le son de la flûte de Krishna. Et bien sûr, elle penserait aussi à moi, la virtuose, et demanderait peut-être : « Qui donc joue sur cette flûte magique ? » Je répondrais alors modestement : « Je l'ai fabriquée moi-même ». Dans mes rêveries, Amma m'aurait bien entendu appelée dans sa petite chambre pour avoir cette conversation. Mais l'histoire ne se termina pas sur ces rêveries ; au contraire, elle ne faisait que commencer.

Je rencontrai mon amie Mira pendant le tour du Nord de l'Inde avec Amma, en 1990. Quelques-unes de mes flûtes m'accompagnaient dans le voyage et dans mon temps libre, j'aimais bien improviser. Mira aimait ma musique et s'asseyait souvent près de moi, surtout quand je jouais sur ma merveilleuse petite flûte soprano.

Mira me confia un jour à quel point elle aimerait aussi apprendre à jouer de la flûte et dans l'impulsion du moment, je lui promis ma petite flûte soprano, avec sa sonorité particulière. Je regrettai bien vite ma promesse car je me rendis compte que je ne pouvais pas me séparer de cet instrument. Je décidai sur le champ de donner à Mira une flûte semblable que j'avais achetée sur un marché indien. J'espérais ainsi masquer mon attachement à cette possession. Le soir, Mira apporta la « fausse flûte » dans le temple pour la faire bénir par Amma. Amma garda longtemps les yeux fixés sur la flûte, qu'elle caressa avec amour, tout en examinant très précisément mon mensonge, j'en suis aujourd'hui certaine. Puis, soudain, elle dit avec un regard horrifié, et si fort que ses paroles s'imprimèrent douloureusement dans mon cœur : « Oh, mais elle n'est pas du tout en bambou ! »

Aucune parole ne peut décrire mon état. C'était ma « première fois » et Amma est maîtresse dans cet art. Quelques mots, et elle avait dévoilé mes manipulations les plus secrètes, faisant de moi un petit tas de misère, malheureux, honteux, qui se tordait comme un vers. Certes, je fis ensuite cadeau à Mira de ma flûte préférée, mais cela ne changea rien au fait qu'Amma m'avait donné un échantillon des qualités rituelles de Mère Kali. Il me fallut en passer par là, et ce fut horrible !

Mon marécage intérieur s'étendait devant moi et il me fallait le traverser en pataugeant, il n'y avait pas d'échappatoire possible. Je passai toute une nuit de Devi Bhava à pleurer et c'est seulement tout à la fin que je m'agenouillai devant Amma. Je me sentais si repoussante et méprisable que j'osai à peine me laisser étreindre. Mais Amma m'attira rapidement à elle et il me sembla que Mère Kali m'ôtait personnellement le poids de la honte. Les syllabes Ma Ma Ma sonnaient à mon oreille, tranchantes comme un couteau. C'était comme si elle voulait scier les chaînes qui me liaient à ma misère.

C'est ainsi que s'acheva l'horreur de ma première leçon sur le sujet « Décapiter l'ego ». Le lendemain, je restai longtemps assise devant la statue de Kali, dont on dit qu'elle tranche l'ego des humains avec son épée. Je contemplai la tête coupée qu'elle tenait à la main. « Cela pourrait être la mienne, celle qu'elle m'a coupée hier », pensai-je. Je la remerciai de tout mon cœur et priai pour qu'elle me donne des yeux capables de voir ce qu'elle voulait me montrer. Mira me rendit la flûte six mois plus tard. Le souvenir lié à cette flûte en fait pour moi un témoin précieux de l'entraînement donné par Amma.

Au-delà de toutes les pensées, tu m'attends ; derrière mille morts de l'habitude et de l'attente.

Prabha

Kali dans le temple d'Amritapuri

8

Kali, la nuit dernière, dans l'extase de la danse,
Tu m'as rendu visite.
Ton corps noir était mon corps,
Ta robe rouge, ma robe.
A travers moi coulait le flot de l'Énergie ;
elle effaçait toutes les limites.
Je suis devenue la Terre et je suis devenue le Ciel ;
ivre de dévotion, j'ai dansé ainsi
pendant de nombreuses vies.

O Kali, Tu étais brûlante, impitoyable.
Tu as rasé tous les jardins intérieurs.
Tu m'as promis qu'une nouvelle vie surgirait des blessures. Tu
m'as menée à mes limites.
J'ai contemplé ma mort.
Dépourvue de peau, avec Toi, j'ai traversé ma peur.

J'ai d'abord pensé que Tu étais la nuit en moi,
ma part obscure, non-vécue,
qui coupée de moi attend d'être sauvée.
Mais Tu m'as montré que Tu étais le Tout.
Amour inconditionnel qui peut tuer,
pour nous ressusciter et nous éveiller
à une danse de vie en Dieu.

Prabha

A l'orphelinat, 1990

9

Un zéro est un héros. Réduis ton ego à zéro et tu seras un héros

Si tu désires la paix dans le monde extérieur, il faut que ton monde intérieur soit en paix.

Amma

J'avais besoin de passer quelques jours loin de l'ashram ! C'était urgent ! Tout était trop pour moi : trop étroit, trop inconfortable, trop difficile, trop chaud, trop sale...trop...trop... La coupe était pleine, ras le bol, et dans de tels moments, j'avais toujours choisi la fuite. Pour maquiller cette fuite devant Amma, j'ai échafaudé un plan qui m'a paru très astucieux.

Satisfaite de mon idée, je suis allée dans la hutte de darshan et j'ai attendu patiemment mon tour de passer dans ses bras. Alors j'ai innocemment demandé à Amma : « Amma, deux *brahmacharinis* partent demain travailler à l'orphelinat. Est-ce que je pourrais les accompagner et me rendre utile là-bas ? » Amma m'a regardée profondément dans les yeux et m'a demandé : « Est-ce que tu peux te faire toute petite ? » « Oui, bien sûr, Amma, je peux me faire petite comme ça, » ai-je répondu, en appuyant l'index et le pouce de la main droite l'un contre l'autre. »

« Alors vas-y, » a dit Amma. Et le lendemain, je suis donc montée dans la vieille Ambassadeur ; je me suis faufilée dans le dernier petit coin libre et j'ai fermé les yeux pendant le voyage effrayant sur les routes animées de l'Inde.

A l'orphelinat, ce fut moi l'orpheline. Complètement déracinée, sans connaissances linguistiques et sans assistance, je me suis trouvée de nouveau mise de côté. Certes, les enfants se réjouirent et ils désiraient que je chante. « Bon, je suis tout de même utile, » ai-je pensé pour me consoler, et même un peu fière de mon succès musical. Mais malheureusement, j'appris bientôt que ce qui intéressait les enfants, ce n'était pas mon chant, mais ma dent en or que l'on voyait briller quand je chantais.

Les brahmacharinis avaient beaucoup à faire et beaucoup à se raconter. Le premier soir, j'allai me coucher tôt, déçue, sur une vieille natte toute usée, dans une chambre minuscule. J'essayai d'oublier ma misère dans le sommeil. Pendant ce temps, les brahmacharinis bavardaient allègrement dans la salle à manger et terminaient les restes d'un dessert.

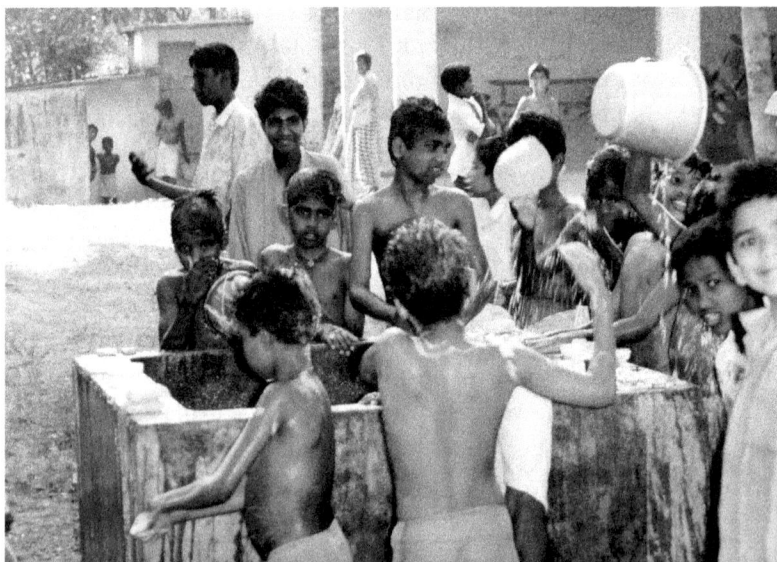

Toilette du matin à l'orphelinat avant la rénovation

Je me réveillai au moment où la lumière s'alluma soudain dans la chambre ; toutes les brahmacharinis étalèrent prestement les nattes qui restaient, s'installèrent confortablement en ouvrant quelques cacahuètes et continuèrent à bavarder, la lumière allumée. Pendant trois jours, je dus supporter d'être parfaitement inutile. En réalité, tout le monde était gentil avec moi, mais la barrière de la langue et la différence culturelle faisaient de moi une remorque inutile et lentement, je compris ce qu'Amma avait voulu dire en parlant de « se faire toute petite ». Mais mon ego n'était absolument pas prêt à accepter une telle réduction et mon idée géniale de vacances loin de l'ashram s'avéra un échec complet. La troisième nuit, un chauffeur de camion de l'ashram, en route pour Amritapuri, fit halte à l'orphelinat pour dîner et se reposer un peu de la pluie torrentielle qui tombait

Bhajans sur le sable

depuis plusieurs jours. C'était inespéré. Je rassemblai bien vite mes quelques affaires et disparus à sa suite.

Le voyage de retour ? Il ressembla plus à un trajet en ski qu'à un voyage en voiture. Mais le chauffeur réussit à conduire le véhicule sans accident jusqu'au bord de la lagune. A trois heures du matin, nous réveillâmes un passeur, censé nous faire traverser vers l'autre rive. Le courant était fort, la lagune débordait de son lit. Dans l'obscurité, le courant nous a fait dériver, et les deux hommes ont dû joindre leurs forces pour nous faire remonter jusqu'à « l'embarcadère » proche de l'ashram.

Je traversai sans faire de bruit le temple silencieux pour me glisser jusqu'à ma couche. J'avais reçu une leçon à l'orphelinat. Elle était tirée du manuel : « Un zéro est un héros ». Réduis ton ego à zéro, tu seras alors un héros ou une héroïne. Amma n'a jamais rien dit au sujet de mon escapade, mais je pense que j'ai plutôt échoué à l'examen.

Le lendemain, le ciel était de nouveau bleu. Les pluies d'une force extrême avaient transformé la lagune. Les berges avaient été nettoyées. La force de l'eau avait formé avec des pierres et du sable de petites îles. Le lit de la rivière était traversé par des cours d'eau semblables à des lagunes. « Amma nous appelle pour une baignade ! » Dans le temple, la nouvelle se répandit comme une traînée de poudre. Seules les femmes étaient autorisées à venir !

Sur le sol sablonneux, je passai devant des palmiers et arrivai au bord de l'eau. Amma était déjà là, et auprès d'elle une douzaine d'Occidentales. Elles avaient toutes enlevé leur sari et attaché leur jupon au-dessus de la poitrine. Voilà à quoi ressemblait l'ancêtre de notre robe de bains d'Amritapuri. Je fis comme elles et je vis Amma déjà au milieu de la lagune, entourée de quelques autres femmes. Elle jouait. Il y avait dans l'air une délicieuse légèreté et notre rire joyeux résonnait sur l'eau, comme une prière de gratitude à Mère Nature qui nous offrait ce moment extraordinaire. Je savourai cette scène joyeuse. Dans cette insouciance, le sentiment de mon échec à l'orphelinat pâlit. Étonnée, je m'aperçus que la pluie avait ajouté de l'eau douce aux eaux salées de la lagune. Avec bonheur, je regardai depuis un banc de sable les femmes qui nageaient autour d'Amma et les aigles pêcheurs, qui tournaient en cercle dans le ciel bleu.

Une impulsion subite me mit dans un état d'alerte extrême. Aussitôt, toute mon attention se concentra sur Amma. Elle se trouvait maintenant au milieu de l'eau, sur une pierre. Son regard était brûlant ; il parvint jusqu'à moi, m'alarma et élargit ma conscience ; au même instant, je vis quelqu'un, dans un trou d'eau à côté de moi, qui était en train de se noyer. Sans réfléchir, je me précipitai, plongeai et saisit un bras, puis un corps humain, que je ramenai à la surface. Amma arriva près de nous et prit une petite Japonaise dans ses bras. Plus tard seulement, quand j'ai lu son histoire dans notre magazine international, Matruvani, j'ai compris qu'Amma lui avait sauvé la vie par mon intermédiaire.

Danse avec les enfants de l'orphelinat

10

Accepte les hauts comme les bas de l'existence. Alors
tu seras heureuse et trouveras la paix.

Amma

Un nom d'Amma

Au bout de quatre mois passés à l'ashram, il me fallut songer au départ. Le temps passé avec Amma avait changé ma vie. En Suisse, outre mon activité de professeur de flûte de bambou, je donnais des ateliers de développement personnel grâce à la musique jouée sur des instruments rituels et à la voix. J'avais créé moi-même ces ateliers et je travaillais à leur donner une suite, afin de puiser plus profondément dans les possibilités infinies que nous offre un tel travail. Mais voilà que tous mes désirs dans ce domaine avaient disparu. Tout ce que je voulais, c'était continuer à grandir sous la protection d'Amma, dans son ashram en Inde.

J'avais trouvé ma vocation du moment. Amma était mon maître et la vie de l'ashram, pas toujours si facile à cette époque, en 1990, était l'occasion idéale de continuer à me développer et à sortir du labyrinthe, guidée sur le chemin du Mystère qui demeurait dans mon cœur.

Le lien profond avec Amma me permit d'envisager de franchir le pas : sortir de la sécurité qu'offrait ma vie en Suisse, quitter mon travail et avant tout ma vie quotidienne avec mes filles que j'aimais par-dessus tout et dont la cadette venait juste d'atteindre la majorité. Il y avait en moi la conviction inébranlable d'avoir choisi le chemin juste. Je savais que ceux que j'aimais ne manqueraient de rien, et je faisais confiance aux forces divines qui œuvraient infatigablement en moi.

Mais au lieu de me contenter d'être reconnaissante et heureuse du merveilleux tournant que prenait ma vie, je désirais plus. Et ce plus, c'était un nom spirituel donné par Amma. J'avais découvert que certaines Occidentales résidentes à l'ashram avaient reçu ce cadeau et je m'imaginais à tort qu'un nom d'Amma rendrait ma relation avec elle plus intense et établirait à coup sûr une « télécommunication » entre l'Inde et la Suisse. « Plus tard », me répondit Amma, quand je lui exprimai mon désir. Elle avait sans doute vu, subtilement, mes nombreuses attentes se livrer à une danse effrénée devant elle.

J'avais été baptisée Anna-Elisabeth et mes parents m'appelaient Annelies. Vers l'âge de trente-cinq ans, j'ai décidé en toute conscience que je voulais être appelée par mon premier prénom, Anna. Je n'ai aucune planète en signe de terre dans mon horoscope et les deux voyelles A de ce nom me reliaient à cet élément ; elles étaient pour moi le symbole d'un enracinement sur notre Mère la Terre. Il fallait bien sûr qu'Amma, selon mes désirs, tienne compte de ce fait quand elle me donnerait un nom. Il n'était pas question que je me retrouve avec un nom comme Amritapriya, Rema Devi ou Iswari.

Je voulais que mon nom soit court et contienne deux A, et j'étais à ce point ignorante et hardie dans l'expression de mes souhaits qu'Amma me donna l'occasion de réfléchir cinq mois de plus à ce qu'est l'abandon de soi. Lorsque je m'agenouillai six mois plus tard devant Amma, à la fin d'un Devi Bhava, pour recevoir mon nom spirituel, je croyais bien avoir été purifiée de mes désirs. Je dis à

Swami Ramakrishna que j'étais prête à accepter le nom qu'Amma me donnerait, quel qu'il soit. Je souris, ouverte, tandis qu'elle me regardait longuement. Puis elle m'attira à elle et me murmura à l'oreille : « Frafee, Frafee, Frafee ». Le son de ces mots me résonnait encore dans l'oreille quand Amma se leva, alla vers le bord de l'estrade du temple de Kali, et bénit les personnes présentes en lançant une pluie de fleurs, tandis que retentissait le chant plein de dévotion des swamis.

Derrière le rideau, sur le côté du temple, Swami Ramakrishna me demanda : « Alors, quel est ton nom ? » « Je m'appelle Frafee » répondis-je encore toute émue et je l'entendis me dire en riant : « Tu t'appelles Prabha, l'éclat de la lumière divine. Dans le dialecte des pêcheurs de la péninsule de Parayakadavu, c'est Frafee. »

Prabha, elle m'avait appelée Prabha, avec l'accent sur le dernier A. Amma avait exaucé mes prières, mon désir, et avait fait mon bonheur en me donnant ce nom, court, avec deux A. J'accordai autant d'importance à ce cadeau que si j'avais, pour le moins, reçu une chaire de Professeur à l'université ou été consacrée comme prêtresse. Toute à l'ivresse de ma joie, j'ignorais alors qu'il allait s'écouler une année entière sans qu'Amma m'appelle jamais par mon nom. Je n'étais pas délivrée de mes attentes. C'étaient des éléments extérieurs et l'orgueil qui me reliaient à mon nom indien. Au lieu de me rappeler sa signification profonde, j'en attendais un lien plus profond avec la famille Amma ; c'était une erreur. Je laissai ainsi passer des heures et des jours sans me mettre en harmonie avec la brillance de la lumière divine, que devait me rappeler le nom d'Amma. Amma me donna du temps, beaucoup de temps, pour intégrer dans ma vie Prabha, l'éclat de la lumière intérieure.

Pendant des mois, elle me fit accumuler les expériences sur les attentes à n'en plus finir qui habitent le mental ; il ne cesse de penser et d'imaginer ce qui se passerait si … au cas où… car il se pourrait que…Pendant toute cette période d'apprentissage et de souffrance sur le thème des désirs et des attentes, je n'ai pas eu de nom. Quand Amma s'adressait à moi, elle disait « *You* », ou bien me montrait du doigt ou me regardait.

A l'époque, nous étions peu de résidents à l'ashram et quand Amma prenait le bateau pour traverser la lagune, que ce soit pour aller rendre visite à des dévots ou pour un programme dans les environs, nous faisions la haie de chaque côté du chemin menant à l'embarcadère, pour lui dire au revoir. Je me souviens d'une telle occasion.

La petite barque avait accosté, le batelier attendait Amma, tandis que ceux qui l'accompagnaient montaient déjà dans notre petit bus, sur la rive opposée.

Nous qui restions à l'ashram, nous bordions le chemin sous les palmiers, dans le sable, et de loin, nous avons vu Amma arriver. Nous l'avons aussitôt reconnue. Elle se mouvait sans peine, remplie d'une force qui la portait, enracinée dans la terre et pourtant touchant à peine le sol.

Elle nous offrit son sourire, serra chaque personne contre elle, tout en inspirant légèrement par le nez, en faisant ce bruit merveilleusement intime qui était notre baiser d'adieu. Ce jour-là, elle s'arrêta devant chacune de nous, les Occidentales, nous regarda en disant notre nom, chacune à son tour. Mes attentes montèrent à

Amma s'en va pour un programme à Trivandrum

l'infini ! Maintenant, maintenant, cela allait arriver, oh mon Dieu, le jour est enfin arrivé ! Arrivée devant moi, Amma me regarda brièvement et continua en disant le nom de la personne suivante. J'en eus le souffle coupé ! Toute abasourdie, je vis Amma monter sans peine dans le bateau. Debout, elle se laissa transporter sur l'eau, statue vivante d'une déesse qui ne fait qu'un avec les éléments. Avec elle partit dans le bateau, du moins je l'espère aujourd'hui, une grande partie de mon ego avec ses fausses attentes. Je restai là, blessée et humiliée ; j'étais sa Sans-nom, en chemin vers l'abandon de la toile que j'avais tissée autour de mon nom. Une fois de plus, j'étais invitée à couler avec le sens plus profond de mon nom, avec la lumière brillant sous le masque de la forme. Pourquoi ne pouvais-je pas une bonne fois pour toutes mettre de côté les pensées liées à mon nom ? M'observer simplement et me rapprocher toujours plus de ce que j'étais en réalité ? Il fallut encore de nombreux moments douloureux avant que j'intègre mon espace intérieur de lumière et d'amour, recouvert par les couches extérieures dues à mon éducation et aux habitudes.

Un an plus tard, je faisais le tour d'Europe avec Amma. J'avais auparavant séjourné en Suisse, pour distribuer ou vendre ce que je possédais. Mes filles gardèrent l'appartement et les meubles, j'envoyai les livres à la bibliothèque de l'ashram et mes effets personnels trouvèrent place dans une vieille malle qu'un homme âgé et riche m'avait un jour offerte.

J'étais prête pour la vie à l'ashram, où l'on ne possède rien. Il fallait simplement éclaircir encore une chose. J'écrivis une lettre à Amma, que je n'envoyai jamais :

Chère Amma Je vais venir vivre à l'ashram, même si tu dois ne jamais m'appeler par mon nom, même si tu as oublié le nom que tu m'as donné un soir de Devi Bhava. Je ne considèrerai plus le fait d'être sans nom comme une humiliation et un rejet. Cela ne m'empêchera pas de vivre près de toi en Inde.

Avant mon départ, je déchirai la lettre et je montai dans le train pour Zurich, afin d'aller au programme d'Amma. Le troisième matin, je m'agenouillai près d'elle et j'aidai les gens à aller dans ses bras. Il ne restait plus que quelques personnes dans la queue qui menait à Amma, quand j'entendis doucement « Prabha ». C'était si surprenant, si irréel, que je ne savais plus : avais-je bien entendu ? Ou bien était-ce une interprétation de mon esprit ? Je continuai à faire mon travail, et j'entendis à nouveau, doucement « Prabha ». Je jetai un regard rapide vers Amma. Était-ce elle ? Non, ce n'était pas possible. Avec amour, elle serrait une dernière visiteuse dans ses bras. Quand il n'y eut plus personne, Amma m'invita à venir au darshan. Elle murmura à mon oreille « Prabha », « Prabha ».

Instantanément, je fus libérée de toutes les histoires autour de mon nom ; du fond de moi monta un rire libérateur. Surprise et prise au dépourvu, je regardai Amma, qui ne cessait de répéter mon nom.

Sa voix se fit plus forte, ses mains dessinèrent un grand arc de lumière au-dessus de moi, dans l'air. Les gens dans la salle écoutaient, riaient et se réjouissaient de la scène. Finalement, Amma me mit devant elle comme on tient un petit enfant, et d'une manière très ludique, répéta : « Prapraprabha, prapraprabha, prapra- prabha », tout en me secouant, comme si j'étais un petit bébé et elle, la mère qui joue avec ce bébé.

Tandis que j'aidais en riant à ranger la salle, la certitude se fit en moi qu'Amma avait joué tout ce temps avec moi. Elle avait mis en scène ce jeu de cache-cache avec mon nom pendant des semaines,

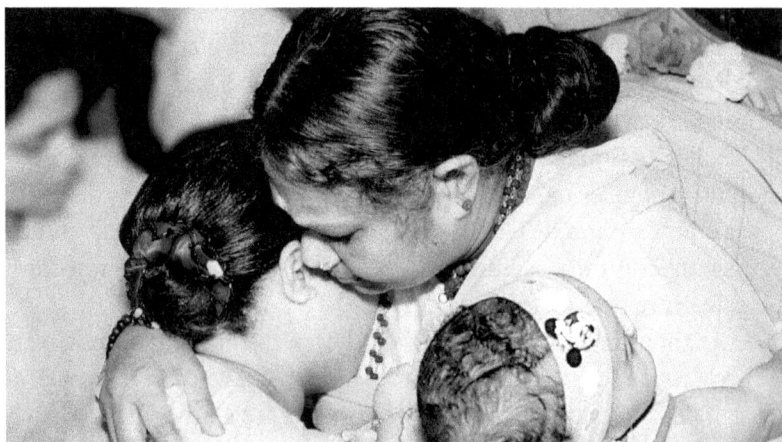

des mois, presque une année, le temps qu'il m'avait fallu pour prendre conscience de ce qu'elle désire nous enseigner. Mon amour et mon attention devaient se diriger vers le but, qui consiste à vivre en harmonie avec le grand Tout ; il ne s'agissait pas de porter le meilleur nom d'Amma imaginable pour moi. L'histoire de mon nom m'a aidée à grandir et à faire une prise de conscience. Je me rappelle aujourd'hui encore les paroles fondamentales d'Amma : « Relie-toi chaque jour au Divin et que ce soit pour toi le plus important dans la journée. »

Des visiteurs ont paré Amma comme Radha

11

Mère divine, la Terre est Ton giron,
le Ciel étoilé Ta robe,
le vent est Ton souffle,
le feu consume mon cœur.

Mère des étoiles, Tu me montres ma nuit,
la lumière de Ta Lune éclaire vivement mes blessures.
Mon cri de solitude se perd dans les ténèbres.

Mère du Soleil ! Viens !
Transforme mon désert en un champ de blé fleuri.
Permets-moi de cuire du pain
avec le grain de Ton amour !

Prabha

12

La cuisinière

Viens, montre-moi le motif à tisser avec Ton fil, afin que je tisse la chemise de la libération. Et dis-moi, comment un être sans carapace peut-il traverser un mur d'épines ?

Prabha

La cuisine avec un abri pour le bois et les jours de pluie.

Je montai un jour en grade pour devenir cuisinière et faire les soupes. Ma cuisine se trouvait dans le sable d'une cour située derrière le petit temple, et c'était un excellent camp d'entraînement pour la course de haies spirituelles.

J'étais complètement sur le mode de la Self-made-woman, mais cela n'était qu'en surface. Car le *sankalpa* d'Amma, son soutien affectueux, se mêlait à cent pour cent à mes talents de cuisinière et me permettait, conformément au souhait d'Amma, de cuisiner sans rien gaspiller. Grâce à elle, ma soupe était toujours mangeable ; pendant

La cuisson du gruau de riz et la préparation du thé pendant un tour du Nord de l'Inde.

que je cuisinais à partir des ingrédients dont je disposais, j'ai connu de nombreux moments pleins d'enseignements, de réflexions et de désespoir, qui assaillaient mon ego et le transformaient.

Au début de ma carrière, je cuisinais pour dix-sept visiteurs occidentaux, deux fois par semaine. Cette soupe, bonne et saine, était vendue sur le balcon du temple de Kali et j'ose le dire : elle était l'ancêtre des spécialités du café occidental actuel.

Courageusement, chaque mardi et vendredi, je construisais mon foyer dans le sol sableux de la cour, tout en sachant qu'il aurait disparu le lendemain, comme par enchantement. Jamais je ne recherchai l'origine de cet « enchantement » ; je construisais chaque fois un nouveau foyer, pleine d'espoir de réussir et en priant pour la tranquillité intérieure : je creusais un trou rond dans le sable et posais tout autour trois briques en rond. Les briques étaient faites pour maintenir le pot au-dessus du feu. J'étais libre de choisir les légumes, j'aimais ce travail créatif, qui me réservait de nombreuses surprises ; dès que le déjeuner était terminé, j'allais voir l'étagère qui contenait les provisions, afin de choisir ce que je pouvais utiliser pour faire une bonne soupe.

Mon travail me valait les compliments des visiteurs, mais en même temps, j'étais une intruse dans le monde des cuisinières indiennes de l'ashram. Sans rien dire, elles me regardaient choisir chaque fois un pot pour cuisiner, rassembler les briques et couper le mauvais bois. J'adorais faire du feu, je connaissais le bois à brûler de la Suisse mais j'ignorais tout du bois des cocotiers et des autres bois indiens, que j'avais à ma disposition. Il y avait du bois qui brûlait vite ; de grandes flammes dansaient autour de mon pot et faisaient battre mon cœur de cuisinière, jusqu'à ce que je constate qu'un tel feu était certes imposant, mais ne donnait pas de chaleur. D'autres morceaux de bois semblaient utilisables, mais malgré tous mes efforts, il était impossible de les faire brûler. C'est pourquoi je travaillais, je coupais et j'empilais sans cesse du combustible, en désirant de tout mon cœur percevoir un léger bouillonnement dans le récipient. Mes sœurs indiennes avaient pendant ce temps terminé leur travail et me regardaient en papotant et en souriant faire tous ces efforts, tout en sachant très bien qu'elles cachaient un trésor de bon bois à brûler sous le toit en tôle.

Souvent, la nuit tombait sur ma cuisine ; venant du temple, j'entendais les bhajans, et la voix d'Amma arrivait jusqu'à moi, dans le sable. Elle me réchauffait le cœur, me donnait la force de continuer, d'éclairer le fond du pot avec la lampe de poche et de me relier à l'espace en moi, si vaste, qui m'aidait à être patiente.

Enfant, j'aimais les contes de fée par-dessus tout, je relisais toujours les mêmes récits qui parlaient des hauts et des bas de la vie. Les épreuves que les personnages devaient traverser me fascinaient. Le sens profond des contes était toujours la victoire du Bien sur les forces du Mal et j'avais dû, adulte, m'identifier à cette vérité. Je me percevais comme une cuisinière qui devait traverser des épreuves pour trouver le diamant dans son cœur. Et je n'en doutai jamais : Amma savait exactement ce qui m'arrivait, elle orchestrait tout, et j'étais étroitement reliée à elle. Elle apparaissait parfois de manière inespérée sur le balcon du temple de Kali, où l'on vendait la soupe, se joignait au groupe qui mangeait, se faisait servir quelques cuillerées de soupe dans une assiette en métal, goûtait, me recommandait de ne rien gaspiller et de ne laisser que peu de déchets, ou bien m'enjoignait de mettre peu sel, car l'excès de sel est mauvais pour la santé. De tels moment si intimes avec Amma, dans cette atmosphère amicale, étaient une pure joie. Amma me confia un soir que dans un futur proche, j'allais cuisiner pour plus de cent personnes. Incrédule, assise à côté d'elle, je souris, un peu gênée. Dans mon imagination, je me vis aussitôt agenouillée devant un énorme feu, éclairant de ma lampe de poche l'intérieur d'un pot énorme contenant la soupe. Ce que je ne soupçonnais pas, c'est qu'Amma projetait de construire une nouvelle cuisine, et que d'ici peu, je me retrouverais devant un foyer bien construit. J'allais m'occuper du petit déjeuner et du dîner pour les Occidentaux.

Mais revenons à la cour et aux Indiennes, que j'aimais bien malgré leurs intrigues.

Elles me donnaient le sentiment d'être tout de même un peu intégrée et entre nous, il se créa peu à peu une sorte de communauté de travail amicale qui transcendait les cultures. La conséquence, c'est que j'appris à connaître les différentes valeurs calorifiques des palmes

La cour avec ma cuisine

de cocotier et que mes sœurs m'enseignèrent tout en travaillant le malayalam de cuisine élémentaire et indispensable. Je me sentis désormais intégrée dans le circuit de notre cuisine indienne et il y eut de précieux moments d'appartenance, qui nourrissaient en moi le sentiment d'être appréciée, le but que je désirais atteindre. L'obligation d'être appréciée s'était imposée dès l'enfance grâce à ma grand-mère, et dans ma famille aussi, le fait d'être appréciée m'avait été enseigné comme une chose importante pour vivre. La conséquence, c'est que j'ai ensuite confondu le fait d'être appréciée avec celui d'être aimée. Du coup, n'ayant pas l'expérience réelle d'être aimée, le fait d'être appréciée devint pour moi le fondement de la vie.

Amma me montra un jour très clairement à quel point la base de cette appréciation est chancelante, à quel point elle peut être manipulée de l'extérieur et s'écrouler à tout instant.

Après la vente, j'avais reçu comme instruction d'apporter le reste de la soupe dans le réfectoire des brahmacharis, des moines. Là, elle devenait presque un dessert. Tout le monde aimait ma soupe et se réjouissait d'avoir autre chose que le *kanji*, le gruau de riz qui constituait le dîner quotidien. Je récoltais souvent des compliments et des flatteries, mon baromètre en popularité montait et m'induisit à la malhonnêteté.

Un jour de soupe, je décidai de mettre environ deux cents grammes de plus sur le feu, et bien entendu, comme je l'espérais, une fois le dîner sur le balcon du temple terminé, il restait une bonne quantité de soupe. Toute heureuse, je me rendis au réfectoire des moines. J'avais vraiment quelque chose à leur offrir, et ils allaient sûrement me récompenser en m'accordant leur attention et leur assentiment. Mais malheureusement, mes espoirs furent déçus. Amma m'attendait déjà, debout au milieu du réfectoire ; stupéfaite, démasquée, je restai pétrifiée. Elle me paraissait bien plus grande qu'elle ne l'est en réalité, un peu comme si elle était la Juge dans la scène du Jugement dernier, au fronton du portail de la cathédrale dans ma ville natale. Elle tendit les mains vers mon pot de soupe, dans un geste si typique, où tout son être était impliqué. Elle me le prit des bras et en inspecta rapidement le contenu. Puis elle demanda une louche, à l'époque les nôtres étaient faites en noix de coco, et distribua la soupe équitablement à tous ceux qui étaient là, comme une mère aimante. La joie éclaira tous les visages, non seulement à cause du supplément alimentaire mais aussi, bien sûr, à cause du personnel qui faisait le service ! Pendant que tout le monde savourait la soupe avec satisfaction, Amma me rendit le pot vide. A voix basse, sans divulguer ce que j'avais fait, elle me recommanda de ne montrer mes talents culinaires qu'aux visiteurs occidentaux, et de toujours mesurer la quantité de soupe selon leur nombre. Je m'éclipsai discrètement, prise sur le fait. C'est seulement bien plus tard et après de nombreuses expériences destinées à m'ouvrir les yeux, que le programme « popularité » s'effaça en moi et que je compris à quel point la popularité est fragile.

Une parole, une action, parfois même un geste maladroit suffisent à l'anéantir. Quiconque construit sur la base de la popularité ne trouvera jamais le calme et la paix. C'est seulement quand on est aimé qu'un véritable échange est possible et que l'on peut réellement être proche ; alors seulement, la rencontre entre deux êtres humains est portée par la force réconfortante de l'amour. L'amour venant du cœur, c'est la vibration qui permet de dénouer et de purifier les difficultés, les discussions, les malentendus et les crises. C'est seulement quand nous, les humains, sommes touchés par l'amour vrai, que nous pouvons nous ouvrir et grandir. Alors notre cœur peut s'ouvrir, comme une fleur qui brille dans la lumière éclatante de l'aurore.

13

Le conte du bambou

A l'époque où je fabriquais des flûtes de bambou, j'éprouvais régulièrement le désir de devenir moi-même une flûte, un roseau vide, à travers lequel le Divin jouerait sa mélodie dans le monde. Mais c'est le conte du bambou qui me montra à quel point j'avais peu conscience de la souffrance qu'implique ce chemin, qui mène du temps à l'intemporalité, à quel point je l'avais refoulée. Je n'avais éclairé qu'un seul aspect de ce processus de croissance, l'aspect merveilleux. Mes larmes coulèrent, silencieuses, des larmes de gratitude et de douleur. Voici ce conte, qui n'en est pas un, sous une forme un peu modifiée.

Il était une fois un magnifique jardin sur la planète Terre. La Mère de l'univers avait l'habitude de s'y promener. Parmi toutes les plantes et tous les arbres du jardin, un noble bambou était son préféré. D'année en année, le bambou devint de plus en plus beau, plus grand et plus gracieux. La Mère divine s'approcha un jour, pensive, de son bambou bien-aimé, et avec une adoration intense, le bambou s'inclina jusqu'à terre. La Mère divine l'étreignit et lui dit : « Mon cher bambou, j'ai besoin de toi. »

Le jour ultime semblait arrivé, le jour pour lequel le bambou avait été créé, et il répondit doucement : « Mère, je suis prêt, utilise-moi selon ta volonté. »

« Bambou, dit la Mère divine, pour t'utiliser, je dois te couper. »

« Me couper ? Moi dont tu as fait le plus bel ornement de ton jardin ? Mère, pas cela, je t'en prie ! Emploie-moi donc à faire ta joie, mais s'il te plaît, Mère, ne me coupe pas ! »

« Mon bambou bien-aimé, dit la Mère divine sérieusement, si je ne te coupe pas, je ne peux pas t'utiliser. »

Un silence profond se fit dans le jardin. Le vent retint son souffle. Lentement, le bambou s'inclina. Puis il murmura : « Mère, si tu ne peux pas m'employer sans me couper, alors... coupe-moi. »

« Mon bambou bien-aimé, il me faudra aussi couper tes feuilles et tes branches. »

« O non, ne détruis pas ma beauté, laisse-moi, je t'en prie, mes feuilles et mes branches. »

Alors la Mère du jardin répondit : « Bambou, si je ne les coupe pas, je ne peux pas t'utiliser ». Le Soleil se voila la face. Un papillon, apeuré, s'enfuit, et le bambou, tremblant devant le sort qui l'attendait, dit doucement : « Coupe les. »

« Mon bambou, je dois encore faire autre chose : je dois couper ton tronc en deux. Si je ne le fais pas, je ne peux pas t'utiliser. »

Le bambou s'inclina jusqu'à terre en silence, puis il dit : « Je t'en prie, coupe et divise. »

Alors la Mère divine dépouilla le bambou de ses feuilles, le divisa en deux, creusa jusqu'à la moelle. Elle le porta dans ses bras pleins d'amour jusqu'à la source, d'où jaillissait l'eau fraîche. Elle le déposa avec précaution à terre et relia une extrémité à la source, l'autre au champ tout proche, où la récolte avait soif.

La source lui chanta un chant de bienvenue, et le liquide clair et brillant coula joyeusement à travers le canal qu'était devenu le corps du bambou, pour se répandre sur les champs desséchés qui avaient tant attendu l'eau.

C'est ainsi que le bambou devint une grande bénédiction. Tant qu'il était haut et magnifique, il ne poussait que pour lui-même. Mais une fois qu'il eût fait don de lui-même, il devint un instrument de la Mère divine, qui l'utilisa pour rendre sa terre fertile.

Pause de midi pendant le tour du Nord de l'Inde.

14

Seva et samadhi

Toi, la brise du soir, qui caresse les palmiers, ta voix
murmure doucement dans le feuillage qui tremble.
Ta main invisible ramène les oiseaux au nid, et tu fais tomber
sur le monde le rideau de la nuit. Je t'observe et je suis seule.
Sais-Tu que j'aspire à ton contact ? Tu chantes
dans mon cœur et je ne t'entends pas.
Comment puis-je danser, quand l'amour est loin ? Me
vois-tu, quand tu passes devant moi sans me regarder ?
L'ourlet de ta robe caresse la terre. Fais de moi une goutte
d'eau que tu bois, un grain de sable sur Ton pied.

Prabha

On peut voir aujourd'hui encore dans le temple de Kali une grosse cloche dont l'appel pénétrant retentit dans l'ashram, quand Amma vient pour le darshan, quand un cours commence et pendant que l'on chante l'arati. Elle nous appelle aussi pour l'*archana* du matin et remplace donc le moine qui autrefois, chaque matin à quatre heures et demie précises, frappait à toutes les portes des chambres du temple en appelant : « *Om namah Shivaya* ».

Ma première rencontre avec la cloche du temple eut lieu lors d'une de mes premières nuits à Amritapuri. Elle se fit entendre dans la fraîcheur de la nuit, vers minuit, et me tira du sommeil. J'ouvris la porte de la petite chambre sur le balcon, que je partageais avec une autre visiteuse, et je regardai par-dessus la balustrade en métal, en bas, dans le temple vide. « *Amma is calling for brickseva* » (Amma nous appelle pour porter des briques) lança une voix masculine bien fort, et je vis, en me penchant bien loin sur la balustrade, une silhouette en dhoti blanc qui disparut rapidement par la porte arrière du temple, encore en construction.

Je dus tout d'abord me tenir au métal frais et blanc, le temps de me réveiller vraiment, puis je caressai du doigt cette rampe en fer artistement forgé qui, la nuit précédente, avait été le théâtre de mon premier rêve en Inde. Dans l'histoire du rêve, j'étais allongée sur la rambarde, et Amma était debout à côté de moi. Dans le rêve, elle m'avait allongée sur la rampe et ma colonne vertébrale reposait tout entière sur l'étroit rebord de la balustrade. Debout à côté de moi, Amma appuya doucement de l'index sur mon corps en équilibre, si bien qu'il se mit à pencher vers le sol rouge du balcon.

Tout à droite, Amma est assise dans le temple de Kali, un mardi.

Quand elle diminua la pression et bougea légèrement le doigt, mon corps retrouva sans peine l'équilibre, pour ensuite, comme un pendule, pencher de l'autre côté, vers l'abîme qui me séparait du sol du temple. C'était un jeu dangereux, mais Amma le maîtrisait parfaitement. Dès que je menaçais de tomber d'un côté ou de l'autre, à l'instant juste, elle intensifiait la pression, bougeait la position de son doigt pour me remettre la colonne vertébrale en équilibre, sur le rebord de la balustrade. Le souvenir de l'intense dévotion et de la confiance inébranlables que j'éprouvais dans le rêve envers Amma, est aujourd'hui encore très vivace en moi. J'étais entre ses mains, et je n'éprouvais pas la moindre peur ; je ressentais une dévotion inconnue de moi à l'état de veille. Mais maintenant, je voulais répondre à l'appel et participer au *seva* du transport des briques. Je quittai le temple par la même porte que le moine. Mon regard se porta sur la petite cour d'Amma, un carré de sable. A un endroit, on avait enlevé la bordure de briques, et une petite planche enjambait le filet d'eau qui reliait toutes les mares autour de l'ashram. Là-bas, au milieu de la forêt de palmiers, de nombreuses personnes travaillaient avec zèle et en silence en se passant des briques, et les matériaux nécessaires à la construction du temple passaient ainsi de main en main. La longue chaîne des travailleurs inlassables partait de la route en bordure de mer, traversait la forêt de palmiers pour arriver au temple, auquel ne menait à l'époque aucune route. Cette longue chaîne humaine était composée de résidents de l'ashram, mais aussi de nombreux visiteurs et voisins de l'ashram. Tout en haut de la chaîne, près de l'eau, Amma travaillait comme les autres. Avec force, et en maîtrisant tout le processus, elle laissait glisser les briques entre ses mains, leur accordant ainsi un bref darshan. Ivre de sommeil, je ne pouvais rien imaginer d'autre que de me trouver juste à côté d'Amma.

Elle me laissa faire, prit les briques de mes mains et me laissa plonger dans l'atmosphère inimitable du travail nocturne à l'ashram.

L'air était frais, les vagues de la mer proche s'écrasaient sur le sable en rugissant et, entre les silhouettes noires des palmiers, brillait un ciel parsemé d'étoiles.

J'étais au Paradis ; je faisais passer brique après brique de mes mains dans celles d'Amma, et du coup, j'oubliai totalement le corps et ses limites. Mais en revenant d'aller chercher des briques, je faillis tomber de la petite planche et atterrir dans l'eau, puis je titubai en cherchant à retrouver mon équilibre. C'est alors que je pris conscience de mon épuisement. « *Ayioo, you sit* », s'écria Amma

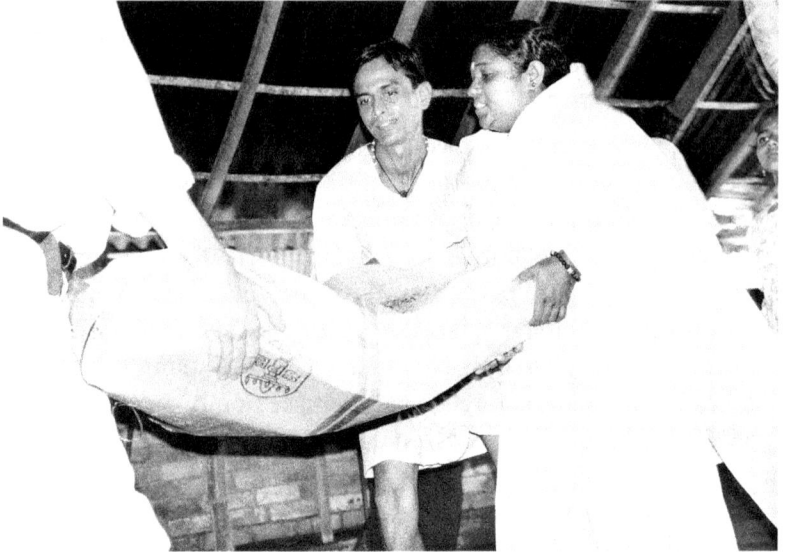

Le papier pour notre imprimerie

aussitôt, me prit par la main, me conduisit au pied d'un palmier et m'ordonna de m'asseoir. De là, je regardai Amma, fascinée. J'étais assise à l'endroit le plus précieux au monde et je regardais avec étonnement la petite silhouette blanche de la Mère divine passer prestement les briques rouges ; je pris conscience que chacun de ses gestes jaillissait sans peine d'un centre invisible, je l'entendais rire, donner des instructions, inciter à la prudence et à l'attention, tout cela dans une joie pétillante et débordante.

Il émanait d'elle une force vibrante qui semblait se transmettre à toutes les personnes présentes et faisait de ce travail dans le calme de la nuit une contribution sacrée à la construction du temple.

Le travail terminé, nous nous assîmes tous dans la petite cour. Amma, puisant dans un grand récipient, distribua à tous des chips de bananes, puis de petits gobelets contenant un café très léger. Ce deuxième cadeau, venu des mains d'Amma, passa devant moi sans que je le voie. Assise sur le sable chaud, la tête penchée sur la poitrine, je dormais, heureuse, d'un sommeil sans rêves. A partir de ce jour, je répondis toujours à l'appel de la cloche pour le *seva* nocturne. J'aimais marcher en silence et avec précaution, en travaillant sous les palmiers. La récitation de mon mantra m'insufflait peu à peu une merveilleuse légèreté et j'appris à mieux gérer mes forces.

Comme il n'y avait pas, autrefois, de route menant à l'ashram, de petits bateaux lourdement chargés apportaient le sable près de l'ashram en naviguant sur la lagune. Les brahmacharis déchargeaient la précieuse cargaison et dès qu'il faisait plus sombre et plus frais, l'étape suivante commençait.

Lors d'une nuit très spéciale pour moi, où le travail avait duré longtemps, Amma nous appela ensuite dans la petite cour qui était son jardin. Le ciel était plein d'étoiles et une brise fraîche, venue de la mer, me caressait les cheveux. Au milieu de la cour, Amma était

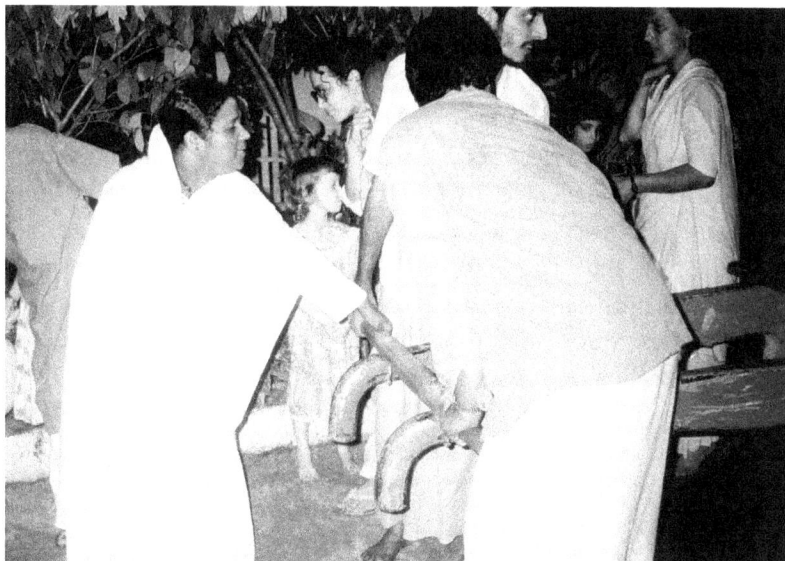

assise sur un divan de bois, elle riait et folâtrait avec son oreiller ; elle le secouait, le lançait en l'air, tendait les mains pour le rattraper bien vite comme une enfant joueuse, ou bien elle se le posait sur la tête comme un chapeau.

Puis, Amma se mit à chanter. Elle chanta pour nous tous, pour la Lune et les étoiles et toutes les créatures terrestres. Le vent nocturne emporta sa voix dans l'univers, et l'apporta aussi dans mon cœur. Après un chant qui exprimait l'aspiration vers le Divin dans une supplication particulièrement intense, Amma partit en *samadhi* ; le monde ne fut plus que silence et paix. Nous savions qu'il était temps de partir, sans faire de bruit et sans toucher Amma. Comme les autres, je me levai et je voulus partir, mais quand j'effleurai encore une fois Amma du regard, je vis un clair rayon de lumière émaner d'elle. Son éclat dessina une trace lumineuse dans le sable. Elle se termina à mes pieds. Une force incroyable s'empara de mon corps. Dans cette énergie, je tombai sans bruit à genoux, pour m'incliner devant Amma dans cette lumière. Amma était assise, immobile, et son petit pied apparaissait au bord du divan. Lentement et doucement, cette force souleva mon buste et posa ma tête avec précaution sur le pied d'Amma. J'avais abandonné le contrôle de mon corps, mais mes sens étaient en éveil et j'éprouvai un amour et une tendresse indescriptible au moment où mes lèvres embrassèrent doucement le pied d'Amma. Ma vie était passée au-delà du temps. La force qui mouvait mon corps le fit se prosterner encore une fois, pour ensuite me relever et me remettre sur pieds. Comme en rêve, je regardai, émerveillée Amma, immobile, et je vis que le rayon de lumière avait disparu. Lentement, je quittai la cour et traversai le temple pour retourner dans ma chambre.

Cette nuit-là, je ne pus trouver le sommeil. Une nostalgie douloureuse imprégnait tout mon être.

Cherchant un soulagement, j'allai tôt le matin dans la cuisine pour couper les légumes, en espérant que le travail m'aiderait à classer le mystère de la nuit précédente. Mais il se produisit le contraire et mon désir profond ne fit que croître, me poussant à errer sans but dans l'ashram.

Amma donnait le darshan dans la hutte, mais c'était un jour de Devi Bhava, et les résidents devaient se tenir à l'arrière-plan pour laisser la place aux visiteurs. J'allai vers la lagune, à l'autre bout de l'ashram, pour y trouver un peu de paix, mais cela non plus ne changea rien à mon état et soudain, je sus qu'Amma m'appelait. Mes pas me portèrent rapidement vers la hutte de darshan. J'étais tout à fait sûre qu'Amma voulait me voir, et j'entrai sans peur, me frayant un passage entre les visiteurs assis, étroitement serrés.

Dès qu'elle me vit, Amma me fit signe de venir, et elle me mit la tête sur ses genoux. J'étais arrivée à l'endroit où, étroitement unie à elle, ma confusion émotionnelle prit fin.

Amma me donna ensuite pour mission de l'éventer avec l'éventail en feuilles de cocotier. Pendant plusieurs heures, je restai debout derrière le divan (*peetham*) sur lequel elle était assise, et je vis de tout près des centaines de visages indiens, tournés vers Amma : des visages suppliants, désespérés, rieurs, heureux, tristes, marqués par la vie ou bien curieux de la vie à venir. Tous étaient venus chercher l'aide d'Amma, sa présence et son amour maternels. J'eus le temps d'observer comment mon état de conscience se transformait lentement. Je pris conscience que mon niveau de conscience ordinaire, avec ses jugements et ses opinions personnelles me tirait hors de l'état d'être où j'étais simplement épanouie dans l'amour. Le pendule de l'horloge de mon mental s'était à nouveau emparé de moi, et se balançait en passant du soleil au ciel couvert, du bonheur à la tristesse. Il oscillait entre la plénitude et un sentiment de manque, le passé et le futur, pendant des heures et des jours, et il oscille ainsi aujourd'hui encore. Parfois, il laisse place à ces moments étoilés où j'échappe à son mouvement, pour plonger dans l'intemporel.

Tu m'amènes doucement dans ton giron, et mon
monde sombre dans l'abîme de ton amour.

Mon cœur hivernal se transforme en jardin
de fleurs et mon âme chante.

Elle s'élève dans le feu de Ton appel vers la Source intérieure,
qui est Paix, Amour, Béatitude et le vrai foyer.

Prabha

15

Le sac à dos

Pas de sac de voyage pour la route.
Juste un petit sac d'avoine.
Et puis plus rien.
Dans le silence, Dieu et Dieu
Se rencontreront dans ton cœur.

Prabha

Silencieuse, je me trouvais dans la hutte de darshan pour recevoir d'Amma une dernière étreinte avant son départ pour l'Australie.

L'entrée de ma hutte, avec la porte

J'avais l'intention de rester à l'ashram, orphelin pour un temps, avec les brahmacharis et les brahmacharinis. Mais j'allais avoir le privilège de rejoindre le groupe d'Amma à Singapour, pour continuer le voyage jusqu'à La Réunion et l'île Maurice.

Dans la lumière tamisée de la hutte, toute en longueur, posée sur le sable, il régnait une atmosphère remplie de tristesse. Pas de musique, pas de chants. Dans l'obscurité de la nuit qui tombait rapidement, je regardai les images des saints accrochées aux murs de bois et de palmes de cocotier tressées de la hutte. J'avançai lentement vers Amma, pris congé d'elle dans ses bras et reçus sa bénédiction. Après le darshan, Amma me regarda, soucieuse, tandis que j'étais encore agenouillée devant elle, et m'étreignit une seconde fois, longuement.

Puis je m'allongeai sur le sol de ma nouvelle hutte, dans laquelle je venais d'emménager la veille. Elle n'avait pas encore de porte et je vis les lumières de lampes de poche dans la forêt de cocotiers, qui s'étendait jusqu'à la route. Amma et les swamis cherchaient dans le sable et les buissons leur chemin vers la voiture qui allait les emmener à l'aéroport. Je vis la lumière des phares entre les palmiers j'entendis le moteur démarrer en hurlant, puis ils partirent.

J'entendais le flot et le mugissement des vagues qui se brisaient sur la plage, je voyais la lumière d'innombrables lucioles scintiller dans les ténèbres ; allongée sur une mince natte, je m'endormis dans mon nouveau logis. Nous avions tout juste récemment gagné sur l'eau le terrain où était construite la hutte ; en travaillant la nuit, nous avions comblé avec du sable une partie d'un petit étang. J'étais la première habitante de ce logement traditionnel en palmes de cocotier tressées, posé sur un socle en ciment, et parmi les trois chambres qu'il comprenait, j'habitais celle du coin, la plus proche de l'eau.

Le lendemain, je me réveillai avec une forte fièvre. J'étais seule. Les jeunes filles indiennes n'avaient pas emménagé dans les deux chambres voisines qui ouvraient sur le sable, près de l'eau, parce qu'Amma était absente et surtout, parce que ces chambres n'avaient pas encore de porte. Je dormis toute la journée, but un peu d'eau de ma bouteille de réserve et tentai d'informer le médecin

Amma et moi au travail

allemand, qui logeait dans le temple avec sa femme et ses deux petits enfants. Il m'examina et déclara que je devais boire beaucoup, et que je serais guérie dans quelques jours. Je passai les jours suivant avec une forte fièvre. Rarement, quelqu'un passait, pour repartir ensuite, impuissant.

Je sommeillais, j'entendais les araignées et les cafards bouger dans les feuilles de cocotier fraîchement tressées de la cloison, je sentais parfois une petite langue râpeuse qui me léchait la jambe. C'étaient de gros rats, aussi gros que les chats indiens, qui se désaltéraient de ma sueur. Ma chambre avait été pour ainsi dire construite sur leur territoire, et comme mon logis n'avait pas de porte, ils pouvaient aller sans obstacle jusqu'à mon lit de malade. Leur présence, ainsi que celle des autres hôtes du royaume animal, me dérangeait de moins en moins.

Je sombrai dans un état de somnolence agréable, je sentais la présence d'Amma et j'étais en sécurité, dans la lumière. Quand une jeune femme passa me voir le troisième jour, je m'entendis dire : « Si on ne me donne pas des antibiotiques maintenant, il sera trop tard ! » Le médecin revint, et la panique s'empara de tous, sauf de moi. La peur et la douleur m'avaient fait glisser dans un état sans mental. On me transporta aussitôt dans le dortoir vide, au premier étage du temple ; je dus avaler des médicaments, et un personnel soignant improvisé sur le champ m'obligea à boire tous les quarts d'heures, malgré mes protestations. Cette histoire ne pourrait plus se produire aujourd'hui, car notre ashram dispose depuis d'un hôpital où travaillent des professionnels, et dans des cas comme le mien, on met une perfusion. Et les résidents communiquent aussi beaucoup mieux qu'autrefois.

Quoi qu'il en soit, je n'étais pas une patiente facile, je refusais que l'on me touche, je refusais de boire, et au début, je rejetais avec véhémence toute aide, parce que je désirais demeurer dans cet état d'apesanteur ; je ne voulais pas être dérangée. C'est seulement peu à peu que je m'éveillai, que des pensées revinrent et avec elles, le passé et surtout l'avenir. Le futur, orienté vers les retrouvailles avec Amma, fit de moi une patiente obéissante. Je n'avais qu'un seul but : le vol pour Singapour.

Faible et amaigrie, je fis tout pour monter dans le bus, dont le chauffeur nous ouvrit les portes, à nous les privilégiés. Mais notre départ fut différé par un petit problème : une Américaine s'était foulé la cheville, marchait avec des béquilles, et elle essayait désespérément de trouver quelqu'un pour porter son sac à dos bien rempli. En dépit de ses efforts, personne ne voulait s'en charger. A la fin, je tendis le bras et pris la responsabilité du sac, malgré le fait que je tenais encore à peine sur mes jambes. Le problème ainsi résolu, nous partîmes et arrivâmes sans encombre à Singapour.

Amma était déjà installée dans l'avion pour l'île Maurice et nous regarda chercher nos places, près d'elle. Quand elle me vit, son sourire fit place à une expression d'inquiétude et en me regardant, elle fit une mimique très expressive pour exprimer ma maigreur et ma faiblesse. Étonnée, elle m'observa donner le sac à dos à l'Américaine, puis, avec mes dernières forces, mettre le mien dans le compartiment au-dessus de mon siège.

Dans l'avion

A l'île Maurice où nous faisions escale vers la Réunion, le jeu du sac à dos se joua en sens inverse et, chargée de mon double fardeau, j'entrai en clopinant dans la salle d'attente, déposai les sacs dans un coin et m'approchai d'Amma, qui accueillit les nouveaux venus que nous étions avec une étreinte. Peu à peu, la moitié du personnel de l'aéroport passa dans ses bras. Quand on annonça par le haut-parleur que notre avion était prêt pour l'embarquement, Amma se leva la première.

Nous nous regardâmes, étonnés, car d'habitude Amma ne se lève qu'après des annonces répétées, pour rester le plus longtemps possible avec les heureux qui l'entourent. Nous la vîmes se diriger droit vers le coin où j'avais déposé le sac à dos, se pencher, s'en saisir et le mettre sur son épaule, puis se diriger vers la porte d'embarquement. Un essaim de personnes l'entoura aussitôt, pour offrir de l'aider, et de nombreuses mains se tendirent vers la lourde charge qu'elle avait sur le dos. Mais Amma rejeta toute aide et porta le sac à dos américain jusqu'à l'avion. C'est ainsi qu'elle fit honte à tous ceux qui avaient aveuglément refusé de voir un besoin réel, et

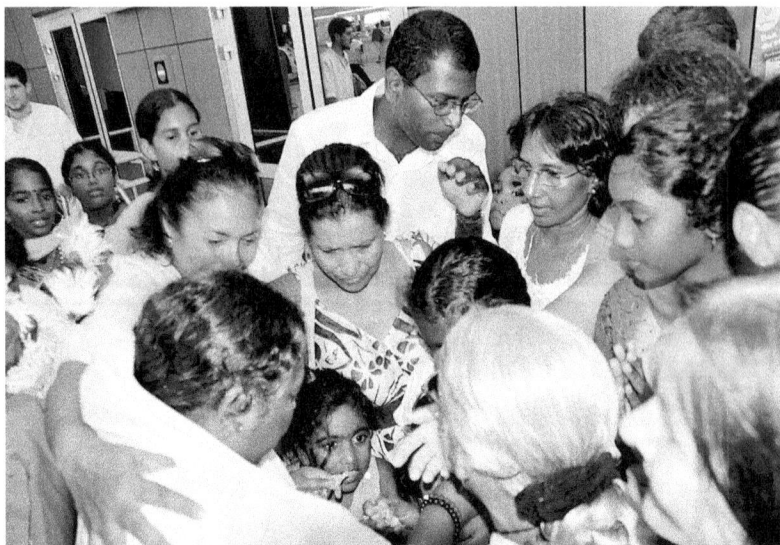

Arrivée à La Réunion

refusé leur aide. Comme elle le fait si souvent, c'est par l'exemple, et non par des paroles abondantes, qu'Amma enseigna dans le hall de l'aéroport la leçon suivante : dans le domaine de l'aide et du service, de petites choses peuvent être très importantes. Elle dit souvent que chacun peut à tout moment tendre la main, offrir un sourire ou un mot gentil ou bien accorder toute son attention à un être humain qui en a besoin. Cela est à la portée de chacun et ne dépend pas de nos finances.

Pendant qu'Amma portait le sac à dos, comme bien souvent auparavant, j'eus le sentiment qu'elle savait tout de moi et m'était plus proche que moi-même, toujours prête à porter mon sac à dos intérieur. Comme bien souvent, je m'interrogeais : « M'accompagne-t-elle sur le chemin que j'emprunte, ou bien suis-je en train de suivre la voie qui m'était destinée ? Guide-t-elle mes pas ou bien veille-t-elle à ce que je marche sur le chemin tracé pour moi ? »

Mon Amma est la force de vie universelle, la Conscience éternelle et elle vit dans chaque facette de mon existence. Elle crée sans cesse de nouveaux domaines d'entraînement, afin que je plonge jusque dans les tréfonds de mon être.

La Mère intérieure n'a pas de caractéristiques extérieures. Elle est silence, conscience absolue. On ne peut même pas appeler la Mère intérieure silencieuse « Mère » car Mère est un nom, et dans cette Conscience suprême qu'est la Mère intérieure, il n'y a pas de nom.

Amma

16

Préparation du chai après minuit

Au cœur du labyrinthe aux murs épais, brille l'or de ton Amour.
Laisse-moi devenir Béatitude, un instant ou une éternité.

Prabha

Au fil des années, ma clientèle augmenta, et avec elle, mes casseroles et ma responsabilité. Je passais beaucoup de temps dans la cuisine et je devais accepter de voir les résidents de l'ashram et les visiteurs méditer avec Amma, faire de petits travaux imprévus en sa compagnie ou bien simplement se promener avec elle dans l'ashram et savourer ces moments d'intimité, toujours riches en évènements. Il était souvent dur pour moi de rester devant mes fourneaux en sachant qu'Amma était dehors. Il me fallait un grand contrôle de mes pensées, une grande conscience de mes responsabilités, pour ne pas tout lâcher et suivre Amma.

Je faisais de mon mieux pour être présente dans ces moments et au milieu du *seva*, la nuit, je me glissais souvent dans la cuisine pour mettre le ferment dans le yaourt ou faire tremper les pois chiches ; j'acquis la faculté de dormir peu. Une nuit, le Devi bhava était terminé et il était plus de minuit, quand swamiji vint me trouver pour me dire : « Tiens-toi prête, il se pourrait qu'Amma t'appelle. » Étonnée, incrédule, j'eus à peine le temps de comprendre la nouvelle dans tout ce qu'elle avait d'exceptionnel, qu'un message courait déjà de bouche en bouche dans le temple, comme quand une série de dominos tombe, et me parvint : « Amma appelle Prabha » Joyeuse et le cœur battant, je montai les marches qui menaient à la chambre d'Amma, entrai dans la petite pièce et vit Amma assise sur le sol, jouant comme une enfant avec des gobelets de métal, tels qu'ils sont courants en Inde, et une cruche d'eau. Elle avait fait installer tout ce scénario pour moi, pour me réjouir et me montrer en jouant, malgré mon ignorance du Malayalam, comment on fait une bonne tasse de thé. Je m'assis pour devenir, avec un naturel que rien ne troublait et sans aucune timidité, une enfant jouant avec elle ; nous vivions dans l'instant, dans une bulle merveilleuse et sans questionnements. Amma remplit trois timbales d'eau, les aligna devant elle, et en montrant chacun de l'index, elle compta à voix haute : « Une timbale, deux timbales, trois timbales. » Puis elle commenta, comme une enfant absorbée dans son jeu : « Trois timbales d'eau et …. » Prestement, elle remplit un gobelet supplémentaire avec les cruches d'eau, « Une timbale de lait. Ou bien allons-nous prendre quatre timbales d'eau pour le thé ? » En jouant avec exubérance, elle reversa l'eau du gobelet de « lait » dans la cruche, remit la timbale parmi les autres dans la rangée et la remplit avec zèle d'eau pour le thé. « Alors quatre timbales, compta-t-elle, ajouta un nouveau gobelet à la rangée et le remplit à nouveau de « lait », avec la cruche d'eau. « Est-ce qu'on met trois timbales de thé noir pour une timbale de lait ou bien quatre ? Hum, qu'est-ce qui est mieux ? »

Comme il était merveilleux d'être avec cette enfant Amma, totalement absorbée dans son jeu, épanouie dans l'action, et de vivre cette qualité et cette beauté particulières : être parfaitement dans l'instant présent. C'était indescriptible. Sur le sol de la chambre d'Amma, il ne me fut pas seulement montré comment on prépare une bonne tasse de thé, mais aussi à quel point il est précieux d'agir de tout son être, d'être présent avec tous ses sens, d'y engager le corps physique et le cœur tout entiers. D'une action accomplie ainsi émanent une énergie intense, puissante, une grâce particulière, un amour tranquille et fascinant ; ils touchent toutes les personnes

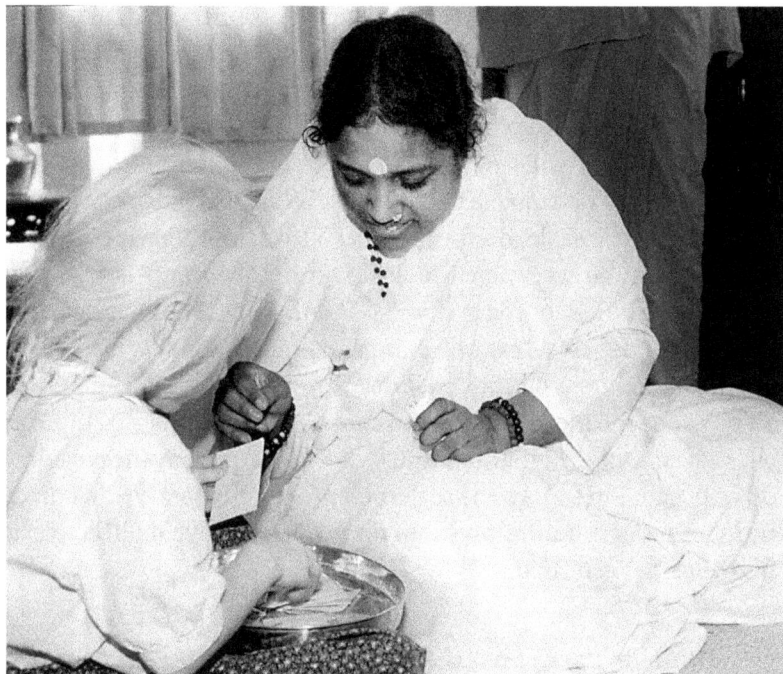

Dans la chambre d'Amma

présentes et les font passer du comportement habituel acquis à une action effectuée avec l'être entier, dans la joie et la créativité, dépourvue d'ego. Amma et moi devînmes deux enfants absorbées dans leur jeu, et les cinq tasses d'eau donnèrent un thé merveilleux.

Il fut versé dans une seconde cruche et mélangé. En tenant les verres à une grande distance l'un de l'autre, avec dextérité, Amma fit passer prestement le contenu de l'un à l'autre, en versant du haut en bas, d'un seul trait.

Elle rit avec espièglerie et dit à swamiji qui me le traduisit : « C'est un truc des *Chaiwalas-awahlhas*, les vendeurs de thé : on produit ainsi beaucoup de mousse, si bien que le client croit que la tasse est pleine. On économise beaucoup de thé et le profit rentre facilement dans la caisse. »

La leçon de thé était terminée. Amma se leva rapidement, frappa gaiement dans les mains et esquissa quelques pas de danse. Je suivis son rythme et nous aurions certainement dansé en riant dans toute la pièce, si je n'avais pas brisé la magie de l'instant par une seule pensée. Je pensai aux nombreuses lettres qui attendaient Amma dans sa chambre, des lettres de gens qui demandaient conseil. Ce fut comme si un épais nuage voilait soudain le soleil. Aussitôt, cette atmosphère merveilleuse, dans laquelle tant de choses étaient possibles, se dissipa. Amma se détourna de moi, prit une des lettres de la grande pile posée sur la commode et se mit à lire. Je pris congé, heureuse et triste à la fois. Mon cœur, débordant d'une joie enfantine, était habité par la douleur du départ. C'est une compagne que je connais bien et qui me rend toujours visite, quand je désire m'accrocher à quelque chose. Sa présence me montre que la vie coule, qu'elle n'est pas statique, et elle met en route la dynamique du lâcher-prise, pour avancer et vivre du nouveau. Puisse ce cycle se dérouler régulièrement en chacun de nous, et nous conduire plus loin dans notre voyage de découverte d'une vie de plénitude.

La Mère extérieure est le corps. Tu considères ce corps comme Amma, la Mère. Avec les yeux, tu ne vois pas ta Mère intérieure, qui est Conscience éternelle. Tu ne vois que la Mère extérieure qui rit, joue, parle, mange, dort, et fait tout ce que les créatures ordinaires font aussi.

Elle vit parmi vous, communique avec vous et se transforme. Cette forme est née et elle devra donc périr. Elle a un début et une fin.

Grâce à un contact étroit avec ce corps, tu peux comprendre la Mère extérieure jusqu'à un certain point. Tu peux parler avec elle et tu peux lui poser des questions. Ses enfants aiment cette forme et la Mère aussi aime ses enfants. Parfois, tu fais quelque chose qui lui plaît. Parfois tu la rends heureuse et parfois elle pleure. Tu peux lui donner à manger et la mettre au repos. Elle aime plaisanter et s'occuper de ses enfants. Elle manifeste parfois un attachement, exprime des préférences et des antipathies, il arrive qu'elle se plie à tes caprices. Cette Mère extérieure est là pour que tu puisses connaître quelque chose de la Mère intérieure, qui est Conscience immuable et éternelle.

Amma

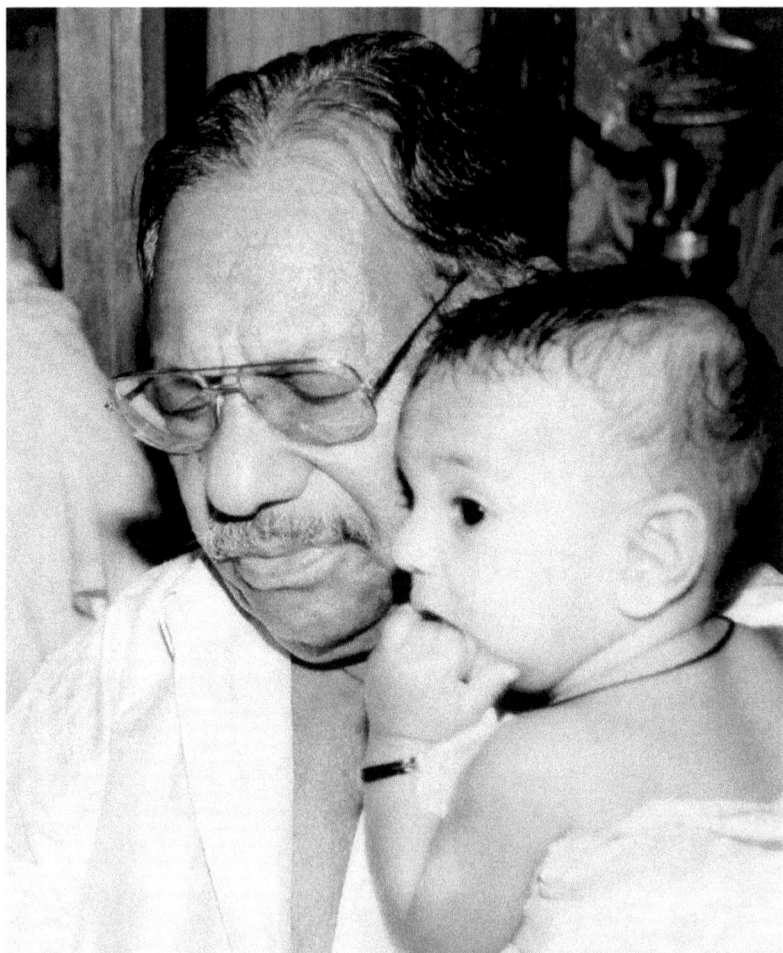

Le père d'Amma avec un de ses petit-fils

17

La famille Idamannel

Tu n'as pas besoin d'une nouvelle vérité. Il te suffit simplement de connaître la vérité qui existe. Il n'existe qu'une seule vérité, et elle brille sans cesse en chacun de nous. Cette vérité n'est ni jeune ni vieille. Elle est toujours la même, immuable et toujours neuve.

Amma

Le kalari en 1993

Un des plus beaux *sevas* de mes premières années à l'ashram commençait dans les premières heures de la matinée, peu après quatre heures du matin, quand toute propre et drapée d'un sari tout frais lavé, je marchais dans l'obscurité, traversais l'ashram encore presque désert et entrais, silencieuse, dans le mystérieux *kalari*, le lieu où se déroulaient autrefois le Krishna bhava et le Devi bhava d'Amma. Dans l'atmosphère chargée de ce petit temple, mon cœur était chaque jour profondément touché. Elle faisait de moi une servante du Divin ; avec un profond respect, je rassemblais les pétales et les guirlandes (*malas*) des rituels de la veille, puis sans faire de bruit, je remplissais au robinet proche de la chambre d'Amma un seau d'eau et le portais près du *peetham*, du petit tabouret de bois. Sur ce tabouret étaient posés le trident et l'épée tenus par Amma jadis pendant le Devi bhava. Ces objets ainsi que d'autres objets rituels étaient chaque jour révérés par un des premiers disciples, aujourd'hui Swami Turyiamritananda, qui y appliquait de la pâte de santal et du kumkum. Pendant qu'à l'extérieur, sur la véranda, était célébré le *homa*, la cérémonie du feu quotidienne, je nettoyais et préparais le petit temple pour la journée qui commençait et ses rituels. Puis, à la lumière du feu, je nettoyais sur la véranda les objets en laiton, je regardais le *pujari* invoquer le dieu Ganesh, qui porte bonheur, et pendant que le jour se levait, je voyais arriver sur la véranda la silhouette courbée de la grand-mère d'Amma.

La vieille femme, que nous appelions Achamma car elle était la mère d'Acchan, le père d'Amma, s'asseyait là où des voisins et des dévots avaient déposé des fleurs enveloppées dans du papier journal. Elle venait en effet, malgré son grand âge, pour faire avec d'autres femmes les guirlandes de fleurs destinées aux *pujas* et à l'adoration des images et des statues. Avant que le soleil soit complètement levé, je partais cueillir plus de fleurs dans les alentours de l'ashram, près de la lagune et dans les jardins voisins.

S'il était encore tôt, j'entendais en passant devant la maison des Idamanels, les parents d'Amma, Damayantiamma réciter les mille noms de Sri Lalita, de la Mère divine, dans sa salle de puja. Mais si je passais un peu plus tard, Damayantiamma était déjà devant

Achamma, la grand-mère d'Amma

la maison et travaillait. Elle tirait souvent dans le sable de grandes palmes tombées des cocotiers, qu'elle tressait ensuite soigneusement pour en faire des panneaux qui serviraient ensuite à la construction de nos huttes. Avec les nervures des feuilles, elle fabriquait de petits balais, avec lesquels les brahmacharinis balayaient le sable de l'ashram, avant même l'archana du matin. Le terrain sablonneux qui s'étendait entre la maison des parents d'Amma et la lagune servait souvent de chantier naval. Des ouvriers y construisaient sous l'œil vigilant du père d'Amma de grands bateaux de pêche, équipés d'une cabine, pour sa flotte.

Je voyais grandir ces énormes embarcations lors de ma recherche des fleurs, et j'assistais, fascinée, à la transformation du bois brut en un fier navire, prêt à être baptisé. Cela exigeait des semaines de travail. Le contact avec les membres de la famille d'Amma me plaisait. A leur façon, ils étaient impliqués dans la mission toujours grandissante d'Amma, et je percevais régulièrement leur amour et

La mère d'Amma, Damayantiamma

leur vénération pour cette fille ou sœur extraordinaire, qu'ils avaient été incapable de comprendre dans son enfance et sa jeunesse.

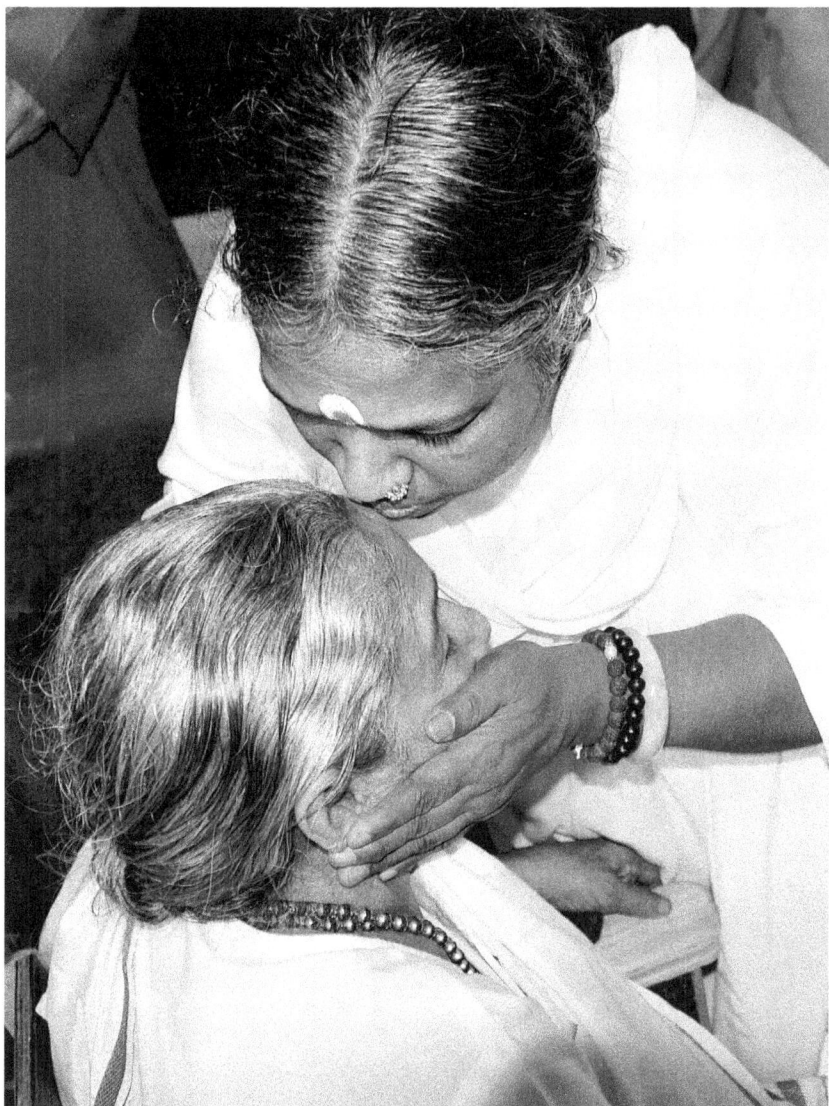

Amma embrasse sa mère

18

Chambrette avec vue

Je joue le jeu de la vie, le jeu de la vérité et des
masques, de la joie de vivre et de la peur de mourir.
Le jeu d'une vie dans le miroir de l'Un.

Prabha

Au bout de quelques années de vie romantique dans la hutte humide en feuilles de palmier tressées, des douleurs liées aux rhumatismes se manifestèrent dans mon corps. En conséquence, ma compagne de chambre Teresa et moi-même partirent un jour en quête d'un nouveau logement dans l'aile Est du temple, encore en construction. Nous découvrîmes à un étage supérieur une petite dépendance et demandâmes à Amma si nous pourrions en faire notre nouvelle demeure.

Amma répondit par la négative, mais elle proposa de transformer pour nous en chambre l'endroit où l'on entreposait les poubelles, juste à côté du temple de Kali ; elle nous offrit de diriger les travaux et de prendre en charge les frais. Nous exultions de joie. Et après un tour d'Europe, nous pûmes emménager dans cette petite chambre unique, dont l'entrée se trouvait sur le balcon, à l'arrière du temple de Kali.

Amma nous donna la permission d'ajouter quelques suppléments, si bien que nous eûmes une grande étagère, ainsi que le luxe d'avoir deux fenêtres. Devant l'une des fenêtres, il y avait un palmier qui envoyait sa verdure dans notre chambre. Il laissait cependant la vue libre sur le grand espace, un étang que nous venions de combler de sable en travaillant la nuit, et sur lequel on devait construire la nouvelle salle de darshan. Je vécus dès lors jour et nuit en plein cœur de ce qui se passait à Amritapuri, car l'autre fenêtre donnait sur la cour d'Amma et sur l'escalier en colimaçon qu'elle empruntait pour monter dans le temple. J'entendais tous les bruits et j'étais toujours prête, même la nuit, à accourir avec mon appareil photo là où Amma était en action.

Une nuit, c'était pendant la période d'Onam, j'entendis dehors, devant la fenêtre à côté du palmier, des rires étouffés et heureux, et mon regard se posa sur une grande balançoire, accrochée à deux palmiers. Un cercle d'heureuses brahmacharinis entourait cette escarpolette, fabriquée avec deux cordes et une longue planche de bois. Amma avait pris place au milieu, entourée à gauche et à droite de deux brahmacharinis, qu'elle faisait s'envoler haut dans les airs.

Quelle fête extraordinaire on célébrait-là, juste pour les jeunes filles, au beau milieu de l'ashram endormi ! Au cœur de la fête, il y

La balançoire d'Onam

avait bien sûr Amma, qui invitait à une partie de balançoire, haut vers le faîte des palmiers et le ciel étoilé. Des bras puissants faisaient monter ou freinaient la grande balançoire improvisée, les candidates se languissaient en attendant leur tour pour l'envol avec Amma ; les filles se racontaient leur expérience en chuchotant, les yeux brillants. Je n'étais pas une jeune brahmacharini, mais rien ne pouvait plus me retenir dans ma chambre. Armée de mon appareil photo, je dévalai l'escalier en colimaçon pour arriver jusqu'aux palmiers, en plein milieu de cette fête délicieuse et joyeuse. Je fus tout de suite intégrée, et je me transformai en riant en photographe (je parlerai plus tard de cette vocation), qui essayait de tout son cœur de fixer avec un petit appareil Olympus la scène : une balançoire pour trois qui allait sans cesse d'avant en arrière, chargée de son précieux fardeau. Le flash brilla souvent dans l'obscurité, mais dans ce monde de l'image pré-digitale, ce qu'il éclairait et surtout, ce qui restait fixé sur la pellicule, demeurait tout d'abord un mystère. Si l'impossible devint malgré tout possible, si une photo témoigne aujourd'hui de ce moment unique sur la balançoire, cela est sans nul doute uniquement dû à la grâce d'Amma. J'eus moi aussi la permission de m'asseoir à côté d'Amma sur la grande planche pour me laisser porter jusqu'au ciel.

Avec le temps, je développai un sixième sens pour les activités nocturnes d'Amma ; il suffisait d'un appel à voix basse dans l'ashram ou du bruit de quelques pieds marchant rapidement dans le sable ou sur le sol du hall pour que je me réveille aussitôt et parte à la recherche de l'endroit où se déroulait la mission secrète. C'est ainsi que je trouvai une nuit Amma assise dans le sable, tout heureuse, en train de fabriquer en compagnie de quelques « assistantes » vêtues de blanc, des galettes rondes avec de la bouse de vache et de la paille.

Ses mains prestes travaillaient vite et sans répulsion pour cette matière au parfum spécial, tandis qu'elle riait et s'écriait tout fort, comme une enfant : « *Chappathi, chappathi*, venez, nous faisons des *chappathis* » pour ensuite de nouveau se consacrer avec ardeur à son activité de création. Les *chappathis* n'atterrirent pas ensuite dans la cuisine, non. Ils furent séchés avec soin, puis on les empila devant

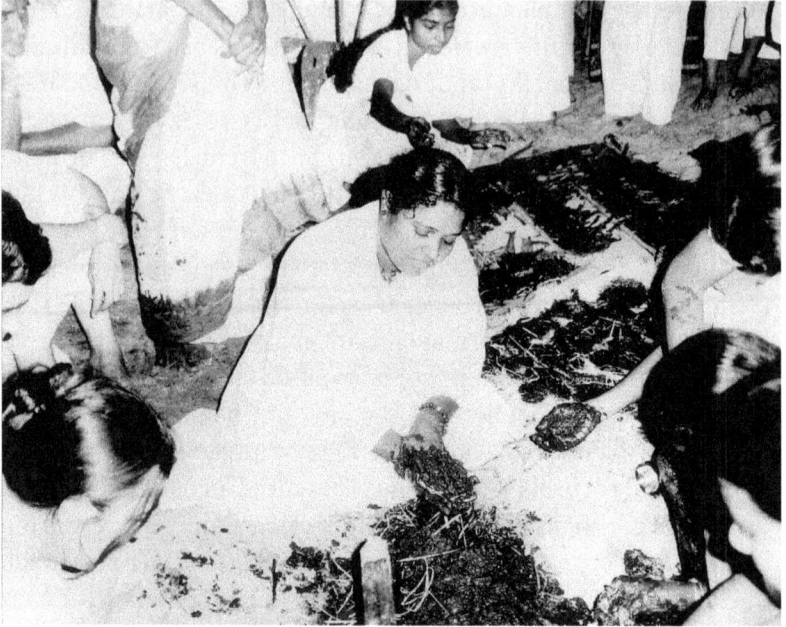

Chappathis de bouse de vache

le temple de Kali, et on mit le feu à la pile qui se consuma lentement pour devenir de la cendre. Cette cendre allait être distribuée aux dévots par Amma, dans de petits sachets de *vibhuti* (cendre sacrée) lors de Shivaratri, la fête en l'honneur de Shiva. Au sens le plus réel du terme, nous eûmes ainsi une claire démonstration de transformation. Dans les nuits qui ont précédé la nouvelle année 2000, on travailla beaucoup dans la fraîcheur de l'obscurité, à Amritapuri. Porter du sable et d'autres contributions à la construction du temple, tout cela était plus facile sans le soleil brûlant et bien des tâches qui n'avaient pas été terminées à temps étaient achevées dans les heures après minuit, comme par exemple le pliage du magazine de l'ashram, Matruvani, qui était envoyé dans toute l'Inde, et aussi en Amérique et en Europe. La veille du jour de l'expédition, le temps manquait régulièrement et toutes les petites mains étaient nécessaires pour fabriquer les livrets à partir des piles de feuilles imprimées. Amma était souvent présente, assise avec les *brahmacharinis* à une longue

Pliage des feuilles dans la nuit

table, elle pliait, elle riait, toujours prête à lancer une plaisanterie pleine d'enseignements. Son apparence, sa voix et ses gestes étaient jeunes, si bien qu'elle se distinguait à peine d'elles ; comme par magie, elle créait un sentiment unique de légèreté et d'appartenance, si bien que nous oubliions l'énorme pile de papier qui restait encore à plier.

Ce qui me plaisait particulièrement pendant ces premières années à l'ashram, c'est qu'Amma employait nos capacités dans de nombreux domaines différents. Elle nous enseignait qu'à bien y regarder, il n'y a pas de travail noble ou méprisable, et que l'essentiel est d'être totalement présent dans chaque activité car cela permet de grandir intérieurement.

Mettant de côté l'échec ou la réussite, nous avions de nombreuses occasions de mesurer nos forces et nos faiblesses, et d'arriver à nos limites. Amma nous recommandait régulièrement d'être totalement présent dans le travail et de ne rien espérer, ni récompense, ni louanges. Le fait de réciter le mantra que nous avait donné Amma nous aidait à maîtriser un tant soit peu le mental et à le fixer en direction du présent. En travaillant ainsi, il m'arriva plusieurs fois

Déblayer les débris de construction

de voir que, quand je me consacrais au moment présent, les pensées perdaient leur emprise sur moi ; une force qui me dépassait dirigeait alors mes actes et me faisait vivre des choses inconnues. C'est ainsi qu'à côté de mon travail de cuisinière, j'appris comment effectuer un travail manuel précis avec endurance et concentration, que ce soit en pliant des feuilles de papier imprimées, en ramassant et en triant des matériaux de construction utilisables ou en utilisant une machine infernale qui pulvérisait des ingrédients ayurvédiques.

Je m'exerçai à passer du ciment frais dans une coupe faite avec de vieux pneus de voiture, à monter l'escalier du temple en portant artistement en équilibre une pile de livres d'Amma ; il y avait aussi le nettoyage du temple, tôt le matin, avant le premier archana ; il fallait alors réveiller les brahmacharis qui, faute d'un autre logement, y dormaient ; et une foule d'autres activités, que j'accomplissais, pleine de joie et de curiosité.

A Amritapuri, j'appris que les objets peuvent avoir de multiples usages, qu'un grand récipient de cuisine peut aussi servir à porter du sable ou à faire la lessive, qu'un sac en plastique usagé peut boucher un trou dans un toit en feuilles de palmiers ou encore servir de pot de fleurs, et que de vieux sacs de ciment peuvent être assemblés et cousus pour faire des cloisons qui abritent des regards. Cette façon de vivre nous a tous marqués ; elle nous permet de lâcher des concepts solidement bétonnés, et de vivre le quotidien sans préjugé, avec un esprit innovateur. Elle a éveillé en nous la capacité de tirer le meilleur parti de situations inhabituelles. Elle s'est ancrée en moi et je la considère entre autres comme une partie de l'enseignement d'Amma ; celui-ci n'est pas fait de connaissances livresques, son assimilation se mesure dans la pratique, face aux situations qui surviennent.

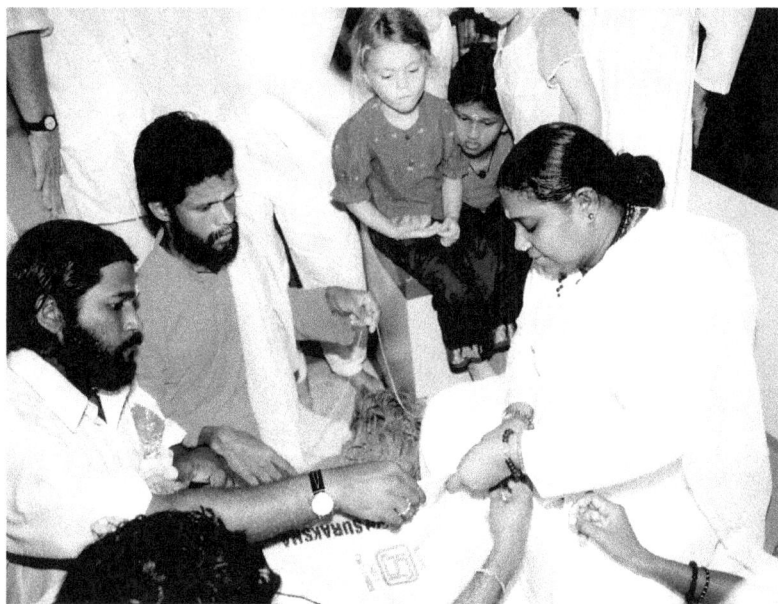

Amma coud

19

La Lumière, à l'intérieur et à l'extérieur

Elle est la Mère, le Christ en moi et son image.
Je te salue, Anna Christ, dit-elle, en absorbant
le plus intime de moi-même.

Prabha

Un immense savoir attend en toi la permission de s'épanouir.
Mais cela ne se produira que si tu le permets. Le véritable
sens de la vie, c'est de réaliser le Divin qui demeure en toi.
Dans ton état de conscience actuel, tu ignores beaucoup
de choses. Mais quand ta quête s'intensifie et que tu
es confronté à de nouvelles expériences et de nouvelles
situations, des schémas de vie inconnus se révèlent à toi. Ils
te rapprochent toujours plus de ta vraie nature.

Amma

Amma est née sous l'étoile de Karthika. Le jour du mois où la Lune passe dans cette constellation, on célèbre toujours au Kalari un grand rituel.

Un pujari devant le feu rituel sur la véranda du Kalari

Des mains agiles décorent le légendaire petit temple de Krishna, qui date des tout débuts de l'ashram, avec des guirlandes de fleurs, des ornements traditionnels en feuilles de palmier, de petites lampes à huile et des ornements rituels. Avec beaucoup d'autres, j'étais aujourd'hui assise sur les nattes étalées sur la véranda du temple, et je m'abandonnais aux chants qui marquaient le début de la grande puja. Au centre du merveilleux rituel se trouvait une lampe à huile décorée, avec plusieurs flammes. Elle était posée sur un mandala coloré, autour duquel brûlaient plusieurs lampes à huile plus petites. Pensive, je regardais le *pujari*, sa main, qui d'un geste précis lançait à chaque mantra quelques pétales de fleurs devant la lampe à huile, pourvue de plusieurs mèches. L'éclat des mèches allumées éclairait les visages des personnes recueillies qui se trouvaient là et baignait les rangs des méditants dans une chaude lumière, qui nous invitait en vacillant à nous relier à la lumière du cœur et à entrer dans notre temple intérieur. Avec leur brillance couleur or, les lumières de Karthika m'attirèrent à l'intérieur, vers la lumière de mon propre cœur, et soudain, j'eus l'expérience de l'unité de cette lumière et d'Amma. Elle est ma lumière intérieure et en même temps, la source de toute lumière. Elle a commencé sa vie sur terre un jour de Karthika, en tant que fille d'un pêcheur, pour guider l'humanité vers la découverte de la Lumière qui demeure dans tous les cœurs.

Une image venue du passé remonta en moi. J'étais avec Amma en Suède, dernière étape du tour d'Europe avant le retour à Amritapuri. Une vingtaine de résidents de l'ashram avaient la chance de passer le temps qui nous séparait du vol de retour en Inde avec Amma dans une magnifique maison de campagne, au bord d'un fjord. J'étais occupée dans la cuisine et la fenêtre s'ouvrait sur un jardin enchanteur, un peu sauvage, qui brillait dans la lumière du soleil matinal. Dans la lumière du soleil levant, les fleurs, les oiseaux, les buissons et l'herbe vibraient et semblaient tous ensemble chanter les louanges du matin tout neuf. Et au milieu de toute cette beauté se trouvait Amma, assise sur une balançoire accrochée par deux longues cordes à un grand et vénérable chêne. Silencieuse, les yeux fermés, Amma se balançait dans la lumière du jour naissant, plongée dans son monde de paix infinie.

Le vent jouait dans les plis de sa robe blanche, lui caressait doucement les cheveux, et faisait danser le toit de feuilles au-dessus

d'elle. L'or du soleil se reflétait sur son visage rayonnant et venait réchauffer les petits pieds qui se montraient parfois sous la robe blanche voletante. Avec une grâce infinie, Amma se laissait porter entre le ciel et la terre. Je me glissai doucement près d'elle pour absorber profondément en moi ce moment merveilleux et me perdre dans cette image divine. Plus tard dans la journée, je m'assis au bord du fjord. L'image d'Amma sur la balançoire vibrait encore en moi, brillait sur l'eau, se déroulait dans chaque vague. Les mouettes, les arbres, les nuages dans le ciel, tout reflétait l'or que j'avais vu sur le visage d'Amma plongé dans l'état d'unité. Dans ce moment merveilleux, je sus que l'essence de la forme d'Amma est la conscience dont la lumière constitue le substrat de la création. Dans le corps de cette petite Amma vêtue de blanc, vit une Mère intérieure, une Mère universelle, unie à la Conscience à travers laquelle des univers naissent et meurent. Elle ne fait qu'un avec l'Être éternel, immaculé, avec la Lumière divine rayonnante. Que j'étais petite dans cette vision !

Le monde personnel disparaissait dans un amour qui englobe tout, et tout ce qui dans la vie nous semble important, n'avait plus de valeur. Je devins un atome dans l'univers, une poussière dans le jeu

du devenir et du périr, à la fois minuscule et englobant tout. Quelque temps encore, ce que j'avais vécu détermina mes journées, mais je dus lâcher prise pour éviter que ce moment merveilleux ne devienne un souvenir figé et meure. Ce qui me resta, ce fut la certitude d'être en contact avec le grand Mystère de l'amour inconditionnel, avec la Lumière qui pénètre tout et demeure dans le cœur de tout être humain.

Amma me dit un jour : « Amma ne voit pas ce visage-ci », montrant mon visage avec ses masques et ses humeurs qui se succèdent. Elle montra ensuite mon cœur et dit : « Amma voit ce visage-là. » Je m'interrogeai aussitôt : « Que voit donc Amma dans le visage de mon cœur ? » Amma y voit tout. Elle voit ma beauté et mes ombres, mon bonheur et ma douleur, mes mensonges, mes murs et mes miradors. Et au-delà de tout cela, au cœur de moi-même, Amma voit son propre visage. C'est ainsi qu'Amma perçoit tout être qu'elle rencontre, et elle dit :

La Mère extérieure n'existe que pour t'aider à atteindre la Mère intérieure, qui est conscience absolue. Le silence est le langage de cette Mère, qui est sans attribut. Tu ne peux même pas l'appeler Mère, car Mère est un nom et dans cette Conscience suprême, il n'y a ni nom ni forme.

Amma sait que toute âme aspire à retrouver son origine, à retourner dans la Lumière de la Conscience. C'est pourquoi elle joue le rôle de notre Mère et nous montre l'exemple d'un être éveillé, en présence duquel nous pouvons avancer sur le chemin de notre vraie nature, vers le silence au-delà de toute pensée. La plupart du temps, nos pensées écument et bouillonnent comme un torrent sauvage de montagne qui nous traverse, et qui construit sans cesse le jeu que nous appelons notre vie. Dans ce drame des projections, nous ne pouvons reconnaître que la Mère extérieure. Mais cette Mère ne cessera pas de travailler avant que nos pensées ne se soient calmées et que nous n'ayons plongé toujours plus profond dans le silence de notre cœur, là où la Mère intérieure nous attend depuis toujours.

Dans ce silence, nous découvrirons ce qu'illustre l'histoire suivante d'Amma.

Dans la capitale d'un pays, sur la grande place, il y avait la statue d'un saint, les bras tendus, dans un geste d'accueil des autres et de don de soi. Sur le socle de la statue, une plaque disait : « Venez dans mes bras ». La guerre éclata dans le pays, les bombes dévastèrent la ville. La statue fut endommagée et eut les deux bras cassés. La guerre terminée, les citoyens se consacrèrent à la reconstruction de la ville. La statue aussi devait être rénovée et les habitants se concertèrent : « Détruisons l'ancienne statue et construisons-en une nouvelle » dit l'un. « Non, il suffit de mettre des bras neufs à la statue du saint » dit un autre. Alors un vieux citoyen de la ville, dans sa sagesse, dit : « Il faut laisser la statue telle qu'elle est ! »

Étonnés, tous se tournèrent vers lui en protestant : « Mais ne vois-tu pas que le saint n'a plus de bras, alors que sur la plaque il est inscrit : « Venez dans mes bras » ? « Je le vois bien, répondit l'homme. Laissons la plaque telle qu'elle est et ajoutons les mots : je n'ai pas d'autres bras que les vôtres. »

Amma nous rappelle toujours que nous sommes en réalité des êtres divins dans un corps humain. L'amour, la compassion et la force attendent en nous de se répandre sur le monde. Avant ma rencontre avec Amma, lors d'une retraite spirituelle, mon attention avait été attirée sur cette vérité d'une manière très particulière. Nous étions un groupe de chercheurs rassemblés dans une grande salle de méditation, sous le toit d'une ancienne ferme. Un matin, on nous posa une question à laquelle nous devions aussitôt écrire notre réponse. J'avais dans les mains une feuille blanche et un stylo, quand j'entendis le maître dire : « La question, c'est : « Qui suis-je ? » Nous nous sommes tous regardés, étonnés ! Oui, qui suis-je ? Il ne s'agissait certainement pas de mon nom, de ma profession ou de mon état civil. Mais … qui suis-je donc sans ces attributs ? A ce moment-là, je n'étais qu'une question, un réceptacle ouvert, qui appelait une réponse. Mes yeux cherchèrent les yeux du saint dont la photo, dans un cadre en bois, était accrochée sur le mur à côté de moi. J'ignorais à l'époque qu'il s'appelait Ramana Maharshi et que cela faisait partie de son enseignement : se poser toujours la question « Qui suis-je ? » Amma n'était encore pas entrée dans ma vie, mais aujourd'hui je peux dire : Les yeux de Ramana Maharshi brillaient comme les yeux d'Amma, et ces yeux me disaient : « Tu es Dieu ! » Moi ? Dieu ? Je ressentis aussitôt un malaise et de la mauvaise conscience ! N'est-ce pas un blasphème ? Je pensai au conte du pêcheur et de sa femme, qui voulait toujours plus ; je me voyais arrogante comme la femme du pêcheur de l'histoire, qui fut punie parce qu'elle voulait être Dieu. Devant mes yeux remontèrent les images de femmes sages brûlées sur le bûcher. J'aurais souhaité effacer la réponse du Maharshi. C'est pourquoi j'écrivis sur ma feuille blanche : l'image de Dieu. « Trois mots de trop, » commenta le maître, quand je lui montrai ma réponse.

Il me faut beaucoup de force et de courage pour plonger à la découverte de ce que je suis en réalité ; mais je me suis confiée à Amma, qui nous encourage toujours à accepter ce qui est, que ce soit agréable ou blessant, beau ou laid, bienveillant ou hostile. Avec une patience infinie, elle nous montre le chemin d'une vie dans laquelle celui qui réduit son ego à zéro est un héros. Et elle m'enseigne à vivre dans le moment présent, à me relier à ma joie, à ma douleur, à ma capacité ou à mon incapacité d'aimer, à ma bêtise et à bien d'autres choses encore, en sachant que tout cela constitue mon ego, mon pion sur l'échiquier de la vie.

Je me réjouis quand ce pion se déplace avec légèreté sur la terre, j'ai peur quand je suis désorientée et je pleure avec lui, quand la douleur est trop forte. Je partage quotidiennement avec lui beaucoup de belles choses et beaucoup d'autres décevantes, tout en sachant qu'au fond de moi brille ma vraie nature, la Lumière de la Conscience éternelle. Je voyage pour l'atteindre. Puisse ma vie être un chemin vers la Lumière !

Danse en Suède

Je joue le jeu de l'imagination et des opinions, du passé et de l'avenir.

Je joue le jeu de la douleur abyssale et de la joie qui danse, le jeu de mon voyage vers le jeu sans joueur,

Où, au-delà de mille morts, dans l'espace ouvert du cœur, Toi et moi sommes une.

Prabha

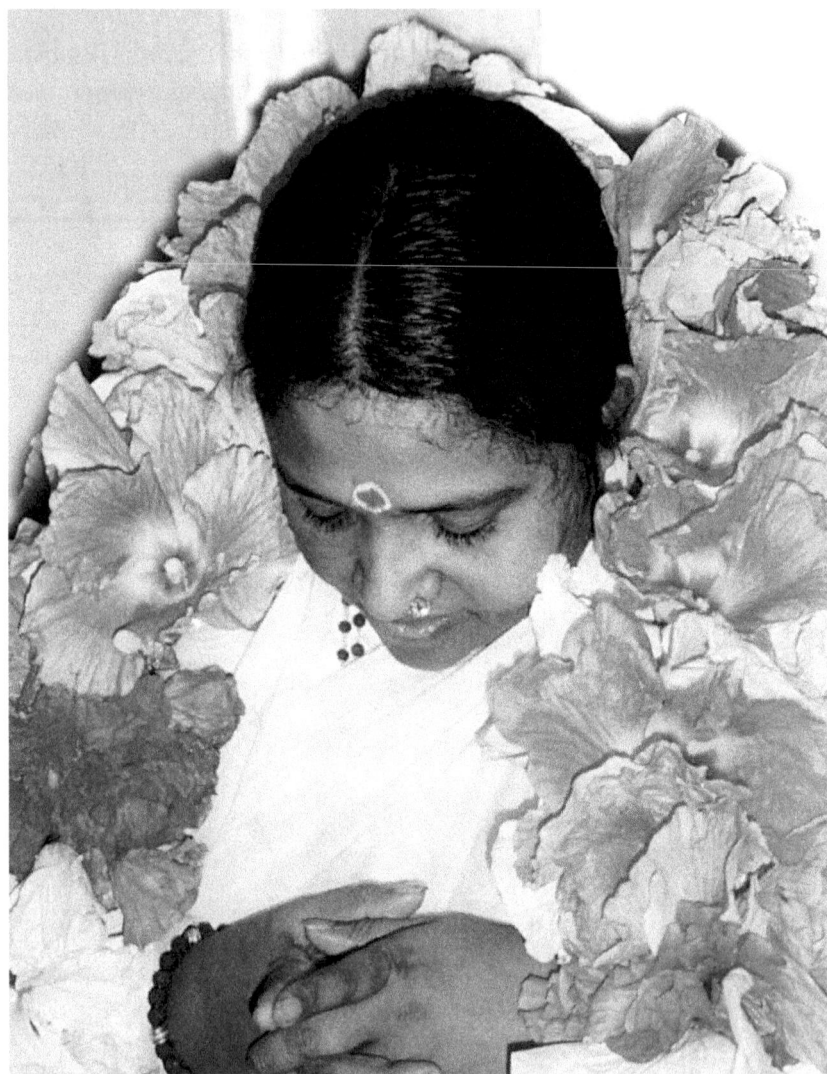

20

La photographe

Touche la terre, épanouis-toi dans la danse, sème la
semence de ton être le plus profond. En tremblant,
tu en vois les fleurs monter jusqu'au ciel.

Prabha

Ma vie de photographe d'Amma commença par une image merveilleuse, que je n'ai pu fixer qu'avec l'appareil photo de mon cœur.
Elle s'y est gravée à jamais. Amma dans un petit jardin, souriante,
entre de hauts buissons de roses en pleine floraison, joint les mains
au-dessus de sa tête en un geste de bénédiction adressé à nous tous.
Le jardin enchanteur se trouvait dans l'ashram d'Amma à la Réunion,
juste devant la petite maison où habitait Amma pendant son séjour,
qui incluait de nombreux programmes dans tous les coins de cette
petite île de l'océan Indien.

Après une longue matinée de darshan, Amma rentrait dans
sa chambre. Les roses épanouies brillaient des plus merveilleuses
couleurs et caressaient la petite silhouette vêtue de blanc ; dans ses
yeux se reflétaient les centaines de rencontres qui s'étaient déroulées
pendant les dernières heures. Elle avait pris dans ses bras des gens
de toutes les couleurs de peau.

Des centaines de personnes étaient venues rencontrer Amma et avaient attendu, en rangs serrés, leur darshan dans la grande salle de l'ashram, ornée de belles photos aux cadres abondamment sculptés. L'île appartient à la France et abrite des immigrés de tous les coins du monde. Ils sont venus de l'Inde, de la Chine, ou bien descendent des colons ou des esclaves venus d'Afrique. Aujourd'hui, on les appelle les créoles. Amma riait pendant ce geste d'au revoir et son visage rayonnant nous disait sans paroles : « Je reviendrai bientôt, pour être parmi vous ! » Je fus profondément touchée par la beauté incomparable de ce moment ; je vis Amma, un être éveillé qui vibre dans l'Éternel, à la fois pleine de force et délicate comme une rose. Je n'avais qu'un désir : posséder cette image pour toujours.

Je savais que je n'avais pas l'autorisation de photographier Amma, mais j'ai aussitôt visualisé mon petit appareil Olympus. Il était bien emballé dans la valise qui contenait les quelques possessions que j'avais laissées en Suisse et, l'année suivante, quand nous sommes allés à La Réunion, il m'accompagnait. Dès le premier jour de notre séjour sur l'île, je demandai pendant mon darshan : « Amma, puis-je faire une photo de toi quand tu traverses la roseraie ? » « Oui, répondit-elle, tu peux faire des photos de moi ! » Elle eut un sourire énigmatique en me voyant partir d'un pas rapide, pour aller dans ma chambre chercher mon trésor. Je voulais être prête pour la photo dans la roseraie ; bien avant la fin du darshan, j'avais mon appareil entre les mains, toute émue, et je suivais chaque mouvement d'Amma. Enfin ! Amma s'était levée et se trouvait sur la véranda de l'ashram, entourée de nombreux visiteurs. Elle avait entamé une conversation sérieuse ; je me fis aussi invisible que possible et j'attendis le moment crucial : je me plaçai sur le chemin qui traversait la roseraie, en choisissant le meilleur angle de vue.

Malheureusement, je guettais un instant appartenant au passé, et je fus profondément déçue car cette année-là n'était pas l'année précédente, et l'image d'Amma dans la roseraie était très différente. Tout en marchant, elle parlait encore avec les gens et son visage avait une expression sérieuse. Pas une seule fois, mon doigt n'appuya sur le bouton. Déçue, je me rappelai une devinette que l'on m'avait racontée peu de jours avant : « Comment peux-tu faire rire Dieu ? » « Raconte-Lui tes plans. »

Certes, je n'avais pas pu réaliser mon plan, mais dans mon appareil, un film de trente-six poses attendait d'être utilisé ! Et Amma n'avait-elle pas répondu que j'avais la permission de faire des photos ? Pourquoi donc me chagriner parce qu'aujourd'hui n'était pas l'an dernier ?

Le lendemain, quand Amma entra dans la salle et que les swamis chantèrent pendant la Pada Puja les mantras traditionnels, je regardai, fascinée et un peu inquiète par le viseur de l'appareil et cette fois, mon index appuya plusieurs fois sur le bouton. Amma ignora ce que je faisais et pour moi cela signifiait qu'elle approuvait.

Deux jours plus tard, j'avais utilisé la moitié du film pour faire des photos d'Amma, et je n'en pouvais plus de curiosité : il fallait que je voie le résultat de mon safari-photo. J'avais besoin de savoir tout de suite si mes photos étaient réussies. Je me rendis donc dans la petite ville proche, en quête d'un studio de photos.

Aujourd'hui, les photos digitales permettent de voir le résultat instantanément et l'arc de ma patience n'est donc plus tendu à l'extrême ; les expéditions dangereuses vers les magasins de photos ne sont plus nécessaires, et les longues heures d'attentes, au cours desquelles je doutais du résultat de mes capacités, ont également disparu. Le marchandage pour obtenir le développement rapide à un prix avantageux, le sentiment intense d'incertitude en attendant la récolte photographique et le battement de cœur en regardant les

photos, appartiennent eux aussi au passé. Je ressens cela comme la perte d'une précieuse information sur moi-même, car avec la photo digitale, j'ai perdu un merveilleux instrument pour mettre ma patience à l'épreuve, démasquer mes concepts illusoires, prendre conscience de mes peurs et éprouver une joie intense, inattendue, spontanée.

A Saint-Louis de la Réunion, je trouvai un Français sympathique dans un petit magasin de photo, qui me tendit deux jours plus tard les photos développées, avec un sourire rayonnant de joie.

Étonnée, je regardai les magnifiques photos d'Amma, très réussies, et j'eus le sentiment qu'elle avait elle-même tenu l'appareil et appuyé sur le bouton au bon moment, pour que le résultat soit aussi beau. Le soir, Amma se rendait dans un temple situé dans les montagnes. Je lui apportai mon trésor à la fenêtre de la voiture. Elle regarda les photos, puis elle dit à Swamini : « Prabha voit mes différents *bhavas* (expressions, humeurs) et je souhaite qu'elle continue à faire des photos de moi. En se tournant vers moi, elle ajouta : « Tu ne dois pas arrêter de photographier Amma, même si elle te dispute. » Depuis ce jour, il y eut une photographe occidentale appelée Prabha, qui se trouvait toujours le plus près possible d'Amma, le plus beau et le plus surprenant sujet de photos au monde, et il y eut la disciple Prabha, toujours le plus près possible du Maître, le feu le plus brûlant qui soit pour consumer les gros egos. Avec ce seva de photographe, Amma me donna la chance d'être exactement là où j'avais toujours souhaité être : dans un lieu de transformation ! En même temps que les innombrables images d'Amma devenaient des photos brillantes, mon mental a été et est encore lentement transformé par la vie et le travail pour Amma, présente dans mon cœur en tant que forme lumineuse dans un jardin de roses.

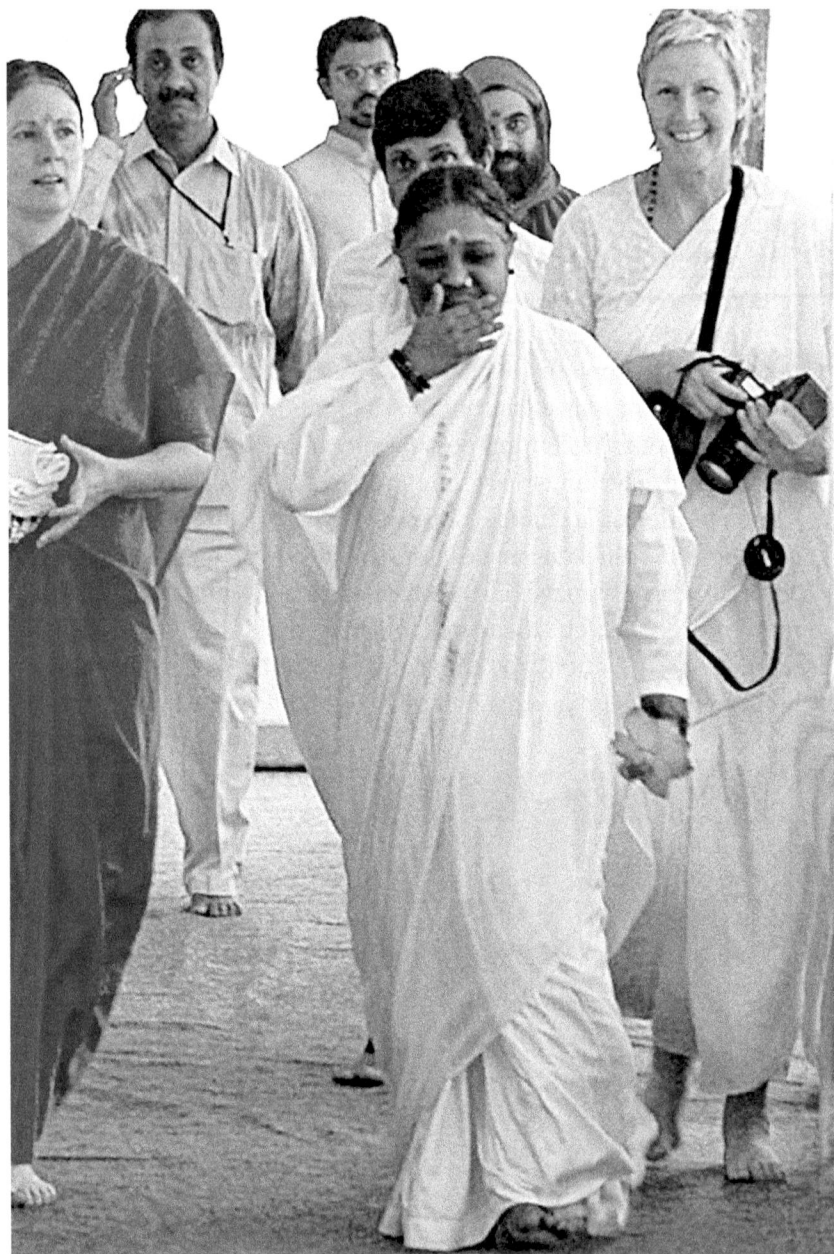

21

Deux collègues photographes

Mon jardin était joliment arrangé, à ma mesure. Il est
maintenant desséché, désert et vide. Il y a un trou béant. Et si
c'était un espace creux ? Une grotte faite pour te recevoir ?

Prabha

Pendant deux années, Amma me donna la chance de m'installer
dans cette nouvelle vie, où j'étais sa photographe. Une fois que j'eus
franchi les premières haies de ce *seva*, riche en difficultés, elle alluma
l'étage suivant de la fusée qui mène au soleil spirituel. Elle m'envoya
une collègue : Janani (ce qui veut dire Mère de l'univers), une femme
forte qui réussissait dans la vie ; je me sentis aussitôt menacée par
elle et au lieu d'être des collègues, nous devînmes des rivales. En fait,
nous nous entendions plutôt bien, et dans de nombreux domaines,
nous étions sur la même longueur d'ondes. Nous pouvions même
parler de nos jalousies et de nos guerres, mais nous ne parvenions
pas à les éliminer.

Je vois très bien aujourd'hui à quel point ce jeu « Janani-Prabha »,
le nouvel instrument à briser l'ego, était pour moi le cadeau parfait
d'Amma. Janani me donnait régulièrement l'occasion d'être jalouse
et de verser des larmes de déception, que je m'efforçais tant bien
que mal de cacher. Mais parfois, mes accès de comportement

infantile amusaient Amma et les swamis, qui mettaient souvent consciemment de l'huile sur le feu et attisaient nos drames et la compétition entre nous. Amma était maîtresse dans l'art de pincer les cordes trop tendues de mon instrument, l'ego, et elle en tirait souvent des sons très laids. Avec quelle sensibilité elle travaillait de multiples façons sur nous, créait des situations difficiles, sans jamais perdre l'occasion de nous donner un enseignement ! C'était incroyable, incompréhensible ! Elle restait toujours concentrée sur notre croissance et notre transformation, jamais sur la destruction, excepté sur celle de l'ego.

Chacune des photos que nous faisions imprimer devait être approuvée par Amma. Outre les longues heures de darshan, la lecture de centaines de lettres, les conseils prodigués aux gestionnaires des diverses institutions et des œuvres caritatives, Amma s'occupait encore de nos petites joies et de nos petits chagrins, si importants

pour nous. La joie, c'était pour Janani comme pour moi : Amma a accepté ma photo et refusé la tienne. Ce que signifiait la douleur, vous le devinerez sans peine. Amma me fit dire un jour qu'il fallait que j'achète un appareil photo réflex. Équipée de cet appareil à la pointe de la technique, j'accompagnai Amma en Australie pour faire le tour. Je portais fièrement le nouvel appareil sur l'épaule, dans une grande housse grise. Le premier programme se tenait au bord de la mer, une mer houleuse. J'étais bien logée, bien reçue dans la petite maison de vacances d'une dévote australienne très généreuse. Allongée sur le lit confortable, j'écoutai la première nuit le rugissement des vagues, heureuse ; je me sentais reliée à la Nature et je savais qu'Amma était tout près de là, et que je la verrais bientôt. Joyeusement, mon appareil Nikon sur l'épaule, je montai dans la voiture qui allait me conduire au programme. J'allais bientôt faire de merveilleuses photos avec mon nouvel appareil.

Que la vie était belle ! Mais malheureusement, uniquement jusqu'à ce que j'apprenne que Janani avait le privilège de loger dans la même maison qu'Amma. Toute fière, elle arriva avec Amma ; elle filmait et faisait aussi quelques photos. Ma gaieté s'envola aussi vite que l'éclair. Sans montrer que j'étais horrifiée, mais sans aucune concentration, je fis quelques photos pendant qu'Amma entrait à côté de moi dans le bâtiment. La paix et le silence s'installèrent dans la grande salle de darshan, les gens méditaient ; puis les swamis chantèrent et Amma donna le darshan. Assise dans un coin tout au fond, je faisais semblant de méditer, mais mes pensées volaient de ci-de là sans aucun contrôle et elles se firent de plus en plus noires. Dans le film de mon mental, Amma et Janani allaient se promener ensemble dans les paysages magnifiques de l'Australie.

Janani photographiait et filmait, elle riait et Amma riait aussi, puis elle appelait même Janani dans sa chambre, où elle réussissait les plus beaux portraits d'Amma. Et sur l'un de ces portraits, Amma regardait droit dans l'appareil et Janani réussissait ainsi le portrait que tous les dévots préfèrent et qu'ils désirent ardemment : le regard direct d'Amma.

Cette même Prabha, qui s'était réveillée si heureuse le matin dans la petite maison au bord de la plage, n'était plus qu'un amas confus et irréfléchi de jalousie infantile ; et pendant qu'Amma, pleine d'amour, étreignait de tout son cœur une personne après l'autre, sur le champ-de-bataille de mon mental, le combat devenait de plus en plus intense. Sur une impulsion subite, intérieurement décomposée et affichant extérieurement un calme hypocrite, je demandai l'adresse de la maison d'Amma.

Quand j'appris qu'elle ne se trouvait qu'à un kilomètre, je mis l'appareil sur mon épaule et je me mis en route. En moi grondait une colère noire. Je me sentais défavorisée, négligée par Amma. La jalousie me rongeait fortement, et la voix de mon ego me dictait des paroles explicites : « Non, cela ne va pas comme ça, Amma ! Pas

Là, Amma regarda intentionnellement droit dans mon appareil.

avec moi ! Les photos, que les fasse qui veut, mais certainement plus moi, tu me défavorises. » Dans cet état d'esprit, je pénétrai dans la maison où logeait Amma. La porte était ouverte. J'entendis qu'il y avait quelqu'un, pendant que je me faufilai doucement dans les couloirs pour découvrir où était la chambre d'Amma. Personne en vue ; j'entrai sur la pointe des pieds et déposai l'appareil Nikon près de son lit, avec un petit mot que j'avais écrit en toute hâte et avec colère : « Pour Amma, de la part de Prabha. »

Ma mission accomplie, je sortis de la maison sans avoir été remarquée ; mon mental se brancha alors sur un autre programme. Mon imagination se faisait le film suivant : Amma entrait dans sa chambre, voyait l'appareil photo, lisait le petit mot, puis ce qu'elle pensait et faisait. Enivrée par de telles pensées, je n'avais même plus conscience de mes pas et je fus presque étonnée quand je me retrouvai soudain devant la salle où se déroulait le programme. En entrant, je remarquai les longues queues de chaque côté d'Amma, le son des bhajans remplissait la salle et la vibration d'Amma entoura aussi la rebelle que j'étais. Entêtée, je me disais que j'étais satisfaite et que j'avais fait ce qu'il fallait. Je fis taire le léger sentiment de doute en dégustant le café et les gâteaux du Bistro des dévots, en faisant semblant d'être parfaitement satisfaite de moi-même et du monde, tout en observant parfois Janani, qui ignorait tout de mon aventure.

Le soir, Amma et les swamis arrivèrent de nouveau avec Janani. Mais mon appareil Nikkon, lui, n'apparut pas ! Mon sentiment de doute s'était intensifié pendant la pause et se transforma en apitoiement sur moi-même.

Toute la soirée, je restai blottie auprès d'Amma et mon mental mit en scène de nombreuses versions du drame « Prabha blessée », une tragédie en quatre heures, un drame de colère qui traversait probablement toute l'histoire de ma vie, sans que j'en eusse conscience. Ce soir-là, Amma ne me dit pas un seul mot, mais je sentais parfois son regard se poser sur moi et vers la fin du darshan, le rideau tomba d'un seul coup sur mon drame, et mon théâtre intérieur prit fin. Avant de monter dans la voiture qui devait l'emmener en

visite chez des dévots, Amma m'étreignit silencieusement. Janani l'accompagnait, mais le jeu en moi était terminé. A grands pas, je marchai dans la nuit jusqu'à la maison d'Amma, trouvai le portail et la porte à nouveau ouverts, entrai dans sa chambre et vis que mon appareil se trouvait encore là où je l'avais posé. Seul le papier avait disparu : il était maintenant sur la petite table.

Je repartis aussi doucement que j'étais venue. Le sac avec l'appareil, le ciel étoilé et mes pas rapides à travers la contrée endormie, tout cela était bon, tout cela faisait partie de moi, comme le combat intérieur des jours passés faisait partie de moi et m'avait sans aucun doute transformée sur le plan intérieur. Je trouvai mon hôtesse dans la salle du programme en train de ranger, et nous repartîmes ensemble dans la petite maison sur la falaise, où la mer se brisait sur les rochers et m'accompagna dans un sommeil sans rêves.

La vie et l'amour étouffés. L'énergie vole, passe à côté du cœur, elle bourdonne sans fin dans ma tête, froide et calculatrice, pleine d'un passé angoissé.

Prabha

22

Le jeu est terminé

Quand le soleil de l'Être darde ses rayons sur le ténébreux
combat en moi, alors tu es là, au cœur de mon cœur.

Prabha

Le jeu « Janani Prabha » se poursuivit pendant de longues années ;
les deux femmes adultes que nous étions, incapables d'en sortir, en
étions les pions. Nous ne parvenions tout simplement pas à trouver
la clé qui aurait arrêté ce manège. Je me demandais souvent ce
que signifiaient pour moi les paroles : « Ton pire ennemi est ton
meilleur ami ». Il ne me venait pas d'autre image que celle d'une
personne capable de grands sacrifices, capable de tendre l'autre joue
à l'adversaire qui la gifle. Je ne me comptais pas dans cette catégorie.
Mais maintenant que notre jeu a pris fin, je sais que Janani est ma
meilleure amie dans cette vie de quête intérieure. Ma personnalité
a été polie en se frottant à la sienne, nos luttes ont réveillé en moi
beaucoup de vieilles émotions qui ont pu ainsi être évacuées, le
fardeau de mon ego en a été allégé, et la vue sur mon paysage intérieur
est devenue plus claire.

Puis vint le jour où Amma mit fin aux difficultés dont souffrait
notre relation. Il était grand temps que ce moment salvateur arrivât,
car je ne pouvais soudain plus m'imaginer continuer ainsi pendant

des mois et des années, et surtout pas pendant le tour d'Europe qui approchait : travailler avec une rivale au lieu d'une collègue. A l'époque, j'habitais de nouveau en Suisse, mais j'étais souvent à l'ashram ; je prenais encore des photos et je logeais toujours dans la petite chambre juste à côté du temple de Kali, qui avait tant à faire avec la destruction de mon ego. J'avais moi aussi énormément de travail ce jour-là. C'était la pleine saison pour les mariages indiens, car les planètes se trouvaient dans une position favorable pour ces alliances arrangées. Avec mon appareil, je photographiai donc beaucoup de couples et leurs familles pendant le rituel traditionnel. Je devais maintenant retoucher ces photos, que les couples fraîchement mariés attendaient avec impatience.

Comme j'avais beaucoup de travail, je demandai à Janani si elle pouvait ce jour-là faire les photos, car quelques parents s'étaient inscrits pour que leur bébé reçoive de la main d'Amma la première

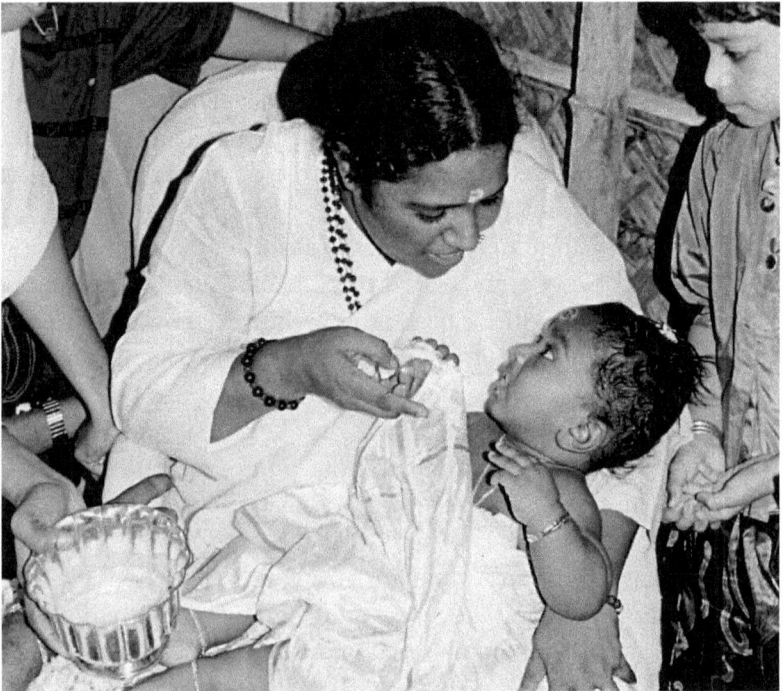

nourriture solide. Les bébés, vêtus d'un petit tissu fin traditionnel, le *mundu*, attendaient avec plus ou moins de patience le pudding de riz sucré. Janani accepta volontiers car c'était une occasion d'être près d'Amma et de se laisser remplir de la vie intense qui vibre à côté d'elle. Comme elle avait acquiescé, j'utilisai le temps ainsi gagné et je me mis à retravailler les photos. Par la fenêtre, je vis Janani, ponctuelle, traverser la cour d'Amma pour se rendre sur la scène. J'étais occupée à ce travail délicat quand mon portable sonna et un swami m'invita à venir sur la scène, car il était l'heure de la première nourriture solide des bébés. « Je ne viens pas aujourd'hui, c'est Janani qui fait les photos,» répondis-je, prête à reprendre aussitôt mon travail sur l'ordinateur. Mais le swami ne céda pas, il voulait Prabha et non Janani, qui était pourtant juste à côté de lui et avait longtemps attendu cette occasion. Tous mes arguments furent vains. Cela marqua le début du jour où le jeu « Janani-Prabha » s'évapora. Cette pièce de théâtre n'était plus nécessaire, j'avais assez souffert, assez joué l'ego, j'avais compris des leçons et j'avais perdu tout intérêt pour ce drame, comme une petite fille qui grandit perd tout intérêt pour sa poupée. Munie de mon appareil, je montai sur la scène dans le grand hall, je vis Amma, entourée des heureuses personnes qui allaient bientôt passer dans ses bras, remarquai le sourire satisfait du swami et le visage déçu de Janani. Blessée, elle voulut passer rapidement près de moi et quitter la scène. Mais je lui attrapai le bras, lui chuchotai de venir avec moi et la tirai directement devant Amma, en train de donner le darshan. Amma, étonnée, regarda ces deux femmes qui troublaient le ballet bien ordonné du darshan.

Sans hésiter, je lui dis : « Amma, Janani et moi, nous voulons être amies ! »

Amma écarquilla les yeux, et elle eut un sourire espiègle. En s'adressant aux personnes qui l'entouraient, elle commenta : « Regardez-moi ces deux-là, elles se disputent tout le temps. Quand Amma regarde l'une d'elles, l'autre est triste, et si Amma regarde la seconde, alors la première pleure. » Et en riant, elle montra ses deux index en sens opposé se heurtant l'un contre l'autre, et elle dit tout fort : « Janani, Prabha…*fighting, fighting*, se battent, se battent.» Je

tenais encore le bras de Janani et je dis sérieusement : « Amma, c'était avant, quand nous étions encore des bébés, mais maintenant nous sommes adultes ! » Amma rit de nouveau, alors je m'entendis dire d'une voix implorante : « Amma, s'il te plaît, fais un *sankalpa*, afin que Janani et moi puissions être amies. » Alors le silence se fit autour d'Amma et les Indiens proches murmurèrent : « *Sankalpa*, Prabha voudrait ton *sankalpa*, Amma, » et beaucoup firent un signe de tête approbateur. Amma nous regarda longuement toutes les deux, ces deux femmes dont la relation était si difficile. « D'accord » dit-elle brièvement, avec beaucoup d'amour.

Et il en fut ainsi. Le *sankalpa* d'Amma, le soutien de son affection, fonctionna et fit de nous, grâce à la fin du jeu « Janani-Prabha », deux collègues attentionnées l'une pour l'autre, et qui sont encore aujourd'hui liées d'amitié. Je remercie de tout cœur Amma, qui a joué avec nous ce jeu de mille manières. Dans mon cœur, Janani occupe une place d'honneur ! Je lui dois beaucoup et je l'embrasse.

En attendant Amma, Tamil Nadou.

23

Baignade dans la rivière

Imagine le Divin comme un fleuve pur au flot abondant. Ses eaux nettoient des canaux sales et des mares stagnantes. Elles purifient tout ce à quoi elles s'unissent.

Amma

Lors de ma première sortie avec Amma, je pris place tout au fond dans le petit bus de l'ashram, où pouvaient tenir environ trente personnes. Les deux sièges avant gauche, juste à l'entrée du bus, étaient réservés pour Amma et pour swamini Amma. Personne ne s'asseyait à la place d'Amma quand elle n'était pas dans le bus et avait pris place pour un temps dans la voiture d'un dévot. Son asana, une peau de léopard, se trouvait toujours sur le siège pendant nos voyages et nous donnait le sentiment qu'elle était avec nous.

Le bus s'arrêtait souvent au bord de la route et, pleins d'espoir, nous pouvions voir Amma quitter un véhicule confortable de notre convoi et monter joyeusement dans le bus avec nous, pour rire et méditer, chanter, réciter des mantras, raconter des histoires ou bien parcourir en silence notre Mère l'Inde. Ce jour-là, nous nous rendions dans l'état du Tamil Nadou, où Amma avait un programme. Amma monta la dernière, et son regard se dirigea aussitôt vers la place du fond, située juste au-dessus du pot d'échappement du bus, qui ne possédait pas de fenêtres que l'on aurait pu fermer.

Ses yeux flashèrent dans les miens, rien qu'une fraction de seconde, et je sentis sa compassion pour la nouvelle qui avait tiré la mauvaise carte et était assise à la place dont personne ne voulait. Mon sari blanc devint de plus en plus noir, mais peu m'importait. J'étais si heureuse que je ne voyais que de la beauté ; sans aucune peur, je regardais avec étonnement par la fenêtre, malgré la conduite périlleuse de swami Ramakrishna qui pilotait notre véhicule hardiment sur ces routes animées, comme un professionnel. Notre destination était Coimbatore, une ville située à environ six heures de route de l'ashram. Nous sortîmes d'une grande ville, le paysage se fit plus vert et les maisons plus rares, et le bus s'arrêta devant un grand pont. Je vis des gens sortir d'autres voitures et se diriger vers la rivière. « Oh, nous allons nager ! » s'exclamèrent joyeusement les passagers de notre bus. En un clin d'œil, tous les sièges furent vides et je fus emportée par le flot des femmes qui se dépêchaient d'aller retrouver Amma. Nous arrivâmes dans une grande maison, dans le jardin de laquelle un large escalier donnait directement sur la rivière. Rapidement, nous quittâmes le sari et nouèrent le jupon par-dessus la poitrine. Nous suivîmes Amma, déjà debout sur l'escalier menant dans l'eau, vêtue d'une robe bain rouge. Avant de rentrer dans la rivière qui coulait paisiblement, nous puisâmes un peu d'eau avec nos mains en coupe, versâmes l'eau sur notre tête ; une façon de nous relier à cet élément qui allait nous accueillir.

Ma première baignade avec Amma fut féérique ! Avec ses longs cheveux dénoués, les mouvements agiles de ce corps qui semblait ne faire qu'un avec l'élément « eau », son rire et sa joie contagieuse, Amma était pour moi la déesse personnifiée de tous les fleuves de la Terre.

Comme de petits enfants insouciants, nous nagions, plongions, et riions, coulant avec le moment présent.

Amma réclama ensuite son savon et nous, les femmes, nous eûmes le privilège de laver ses longs cheveux noirs et ondulés avec ce produit français parfumé. Le savon moussait dans nos mains,

Amma rit et joua l'enfant rebelle, pour ensuite soudain plonger profondément, afin de se rincer les cheveux pleins de mousse. Puis ce fut notre tour. Non, Amma ne nous lava pas les cheveux. Elle nous prit une par une, nous savonna le visage avec des gestes précis pour ensuite, à la vitesse de l'éclair, nous mettre la tête sous l'eau. Et tout en nous lavant le visage, elle s'exclamait : « *Vasana cleaning, vasana cleaning !* »

Je serais volontiers restée plus longtemps dans l'intemporalité des eaux chaudes du fleuve, mais Amma nous invita à nous dépêcher, et tout alla très vite : nous nous rhabillâmes, montâmes dans le bus, et en route vers notre destination, où le programme devait avoir lieu le soir même, dans une grande salle. Vers deux heures du matin, nous sommes repartis pour l'ashram. Cette fois-ci, j'étais tout à l'avant, debout à côté d'Amma dans le bus et je regardais dans l'obscurité.

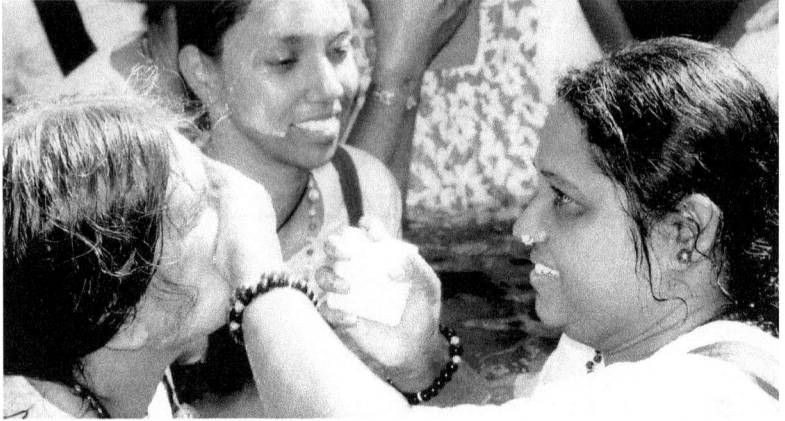

J'étais heureuse, j'admirais swami Ramakrishna, qui démontrait l'habileté de sa conduite sur les routes tranquilles de la nuit, et je savourais la proximité d'Amma. Je l'entendis soudain crier quelque chose qui fit aussitôt ralentir notre chauffeur ; le bus se trouvait dans un long virage, et nous nous retrouvâmes nez-à-nez avec un énorme troupeau de vaches noires. Lentement, les animaux passèrent en trottant le long du bus, un défilé sans fin. Les vaches prirent tout leur temps avant de nous libérer le chemin du retour. A l'aube, le passeur nous fit traverser la lagune, je m'étendis sur ma natte dans le temple et dormis d'un sommeil profond et sans rêves jusqu'à ce que le soleil soit haut dans le ciel. Au réveil, l'aventure de notre baignade dans la rivière me revint en mémoire, et avec les images, les paroles d'Amma résonnèrent aussi en moi :

> « *Le maître est pareil à une rivière. Tu peux rester sur la berge de la rivière, tu peux la louer et célébrer sa beauté. Mais tout ce que tu peux dire sur la magnificence de la rivière n'a pas vraiment d'importance, tant que tu n'as pas sauté dans la rivière. Pour s'abandonner à un maître et sauter dans la rivière, il faut du courage car le courant te mènera sans faillir à l'océan, au Divin, à ton véritable Soi.* »

Nous avons nagé avec Amma dans de nombreux cours d'eau de l'Inde, grands et petits, dans des rivières sacrées et dans d'autres rivières insignifiantes, et chaque fois, nos jeux et nos prières dans l'eau me rappelaient ces paroles. La vie, l'amour et le fait de couler, rien de tout cela n'est séparé, et le chemin vers la Lumière du cœur peut s'ouvrir si nous coulons avec le fleuve des vraies valeurs de la vie et avec celui de la joie de servir.

Nous avons souvent chanté avec Amma le Gayatri-mantra ; sur les premiers mots, nous formions une coupe avec nos mains, puis nous puisions de l'eau, tenions pendant la psalmodie du mantra les mains contre le cœur, et sur les derniers mots du mantra, mettions les mains sur la tête et laissions s'écouler le précieux liquide. Puis nous plongions tous sous l'eau. Nous répétions ce rituel de nombreuses fois, nous nous accordions aux vibrations du Gayatri-mantra, qui nous ouvrait le cœur, plongions profondément dans le fleuve, qui nous purifiait, et nous nous sentions de plus en plus liés à tout ce qui nous entourait.

Il existe de nombreuses thérapies dont le but est de nous aider à nous libérer des schémas intérieurs que nous avons, le plus souvent, hérités de notre enfance, qu'il s'agisse de mécanismes de défense ou de dépendances. Amma, par contre, connaît la réalité de chacun de nous et a ses propres méthodes pour nous frayer de nouveaux chemins et nous montrer comment traverser la vie en les empruntant. Même si c'est souvent douloureux, dans l'énergie d'Amma, les choses se mettent spontanément à la bonne place, il se crée une ouverture, si bien que le nouveau peut émerger et l'ancien disparaître ; nous nous rendons compte alors à quel point notre naissance est précieuse et ressentons de l'amour pour la création.

24

Bhavani

*On est tenté de dire : « tu as tout perdu ». Mais n'est-ce pas
exactement le but : tout perdre, pour tout obtenir ?*

Prabha

Mon lieu de baignade favori était la Bhavani, le confluent de deux rivières, la Bhavani et la Kaveri. Les murs d'un vieux temple se dressent là où de larges marches permettent de descendre dans l'eau sacrée. Lorsque j'ai eu pour la première fois la chance d'entrer avec Amma dans la rivière à ce *ghat* pour m'y baigner, rien ne venait encore déranger notre jeu dans les eaux chaudes, malgré la proximité du grand temple. Nous avons récité ensemble tout fort le Sri Lalita Sahasranama Stotram, nous avons plongé, ri et nous nous sentions liés avec la rivière Bhavani, la Mère divine et Amma, notre Mère spirituelle. La légèreté, l'insouciance étaient palpables et guidaient nos actions, ainsi qu'une joie qui faisait de nous des enfants spontanés et innocents. Ce lieu saint se trouve dans le Tamil Nadou et à ce moment-là, nous étions seuls sur la berge de la rivière. Il n'y avait pas de dévots pour nous disputer la proximité d'Amma, on n'y lavait pas de linge ni de vieux camion, et aucun troupeau de vaches ne s'y baignait. La déesse Bhavani nous accorda du temps et de la beauté. Du temps pour jouer et réciter des mantras dans l'eau, du temps pour méditer, du temps pour cuisiner, pour manger et le soir, assis sur les marches réchauffées par le soleil vespéral, écouter Amma chanter, puis les paroles qu'elle prononçait dans l'obscurité.

Pendant que nous nagions avec Amma dans le fleuve, les hommes responsables de la cuisine avaient allumé un feu, et avec les ammamars, les femmes indiennes plus âgées, mais toutes plus jeunes que moi, ils préparaient ce que nous avions baptisé le *Bhavanicanji*, une soupe de riz, de haricots mungo et de noix de coco râpée, qu'aucun plat au monde ne pourra jamais égaler. Son arôme était la sainteté du lieu, la majesté de la rivière, la présence d'Amma et sa joie exubérante et notre bonheur d'être si proches d'elle.

Il y a une image de cette journée que je n'oublierai jamais : Amma dans sa robe de bain rouge, en train de flâner comme une jeune fille au milieu des échoppes où l'on vend du tchaï et des souvenirs du lieu saint, non loin des marches qui menaient à la rivière.Ses cheveux mouillés étaient dénoués, une fine serviette lui couvrait les épaules.

Quelqu'un lui avait offert un jouet, une « langue de belle-mère » :
une sorte de sifflet, avec un embout auquel était fixé un tuyau de
papier coloré enroulé sur lui-même. Amma, en se promenant au
milieu des échoppes soufflait avec force, le papier se déroulait tout
droit, comme un serpent tiré de son sommeil, et on entendait un
son aigu, que j'avais moi-aussi produit, enfant, en me promenant au

milieu de la foire avec une « langue de belle-mère ». Quelle image
incomparable ! Amma, dans sa robe de bain rouge qui lui arrivait
aux chevilles, entourée d'une ribambelles de jeunes, et qui soufflait
joyeusement dans son instrument. Nous nous promenâmes ensemble,
de manière informelle, d'étal en étal, la langue de belle-mère sifflait,
pleine d'entrain, et pour couronner le tout, Amma offrit à chacun
un verre de tchaï et distribua quelques paquets de petits gâteaux.

Devant cette scène, qui aurait pu penser que la jeune fille qui se
mouvait avec tant d'insouciance était Mata Amritanandamayi Devi,
une des plus grandes saintes de notre temps, qui dès l'adolescence
avait fait don d'elle-même au monde, sans être de ce monde. Elle

descend à notre niveau d'être pour chanter, rire et pleurer avec nous, pour fêter et prier, pour nous frayer des chemins vers notre profondeur intérieure, et pour soulager la détresse humaine sur tous les plans.

Tandis que nous étions assis la nuit sur les pierres chaudes et qu'Amma chantait dans l'obscurité, je pouvais parfois pressentir dans son chant et dans ses intenses vibrations son état d'unité avec la création. Le son de sa voix contenait la rivière, le sanctuaire du vieux temple, en elle vivait la pierre sur laquelle nous étions assis, le ciel et les étoiles, tout l'univers et moi-aussi, qui me sentais à la fois si petite et pourtant grande dans l'amour et dans la relation avec le Tout.

Il paraît que nous avons dormi deux fois près de la Bhavani, mais il ne me souvient pas d'avoir dormi sur le sol d'un de ces petits bungalows pour touristes. Mais je garde le vif souvenir d'une autre nuit.

Je voyageais dans le dernier véhicule du convoi d'Amma, le plus vieux et le plus lent. Environ deux heures avant d'arriver à la Bhavani, le moteur prit feu. Un nuage de fumée noire entra dans le bus et nous força à l'évacuer en toussant. Je fus la première dehors, puisque j'avais fait le voyage assise sur une des grosses machines de la cuisine, placée tout à l'arrière du bus près de l'unique porte. L'énorme récipient avec la meule était rempli de couvertures à carreaux et me servait de siège ; sur les routes à l'époque très mauvaises, je pouvais me tenir à la barre métallique argentée de la porte, et en m'y attachant avec un tissu, je pouvais même dormir la nuit.

Lorsque j'arrivai près du feu, les deux chauffeurs avaient déjà levé le capot et étaient en train d'éteindre le feu avec l'eau de nos bouteilles. Abattus, nous étions tous debout à côté de notre véhicule endommagé et je suis certaine que chacun ne pensait alors qu'à Amma et à la baignade à la Bhavani, que nous allions manquer. En regardant le moteur noirci, je dis négligemment : « Essayez donc quand même de faire démarrer le moteur ! » Tous me regardèrent, étonnés et pensèrent que j'avais reçu un choc. Un des chauffeurs monta cependant dans la cabine et essaya le démarreur. Et voilà que notre véhicule bien-aimé, avec lequel nous avions traversé de nombreux états de l'Inde, coopéra. Le moteur démarra et nous reprîmes prestement nos places. La nuit tombe rapidement en Inde, et c'est alors que nous découvrîmes que les phares ne fonctionnaient plus. Un véhicule roulant sans phares sur les routes de l'Inde, cela n'avait rien d'extraordinaire. Mais c'est devant le pont qui franchit la grande rivière et mène au lieu saint de la Bhavani, que cette situation nous porta malheur. Dans l'obscurité, aucun chauffeur venant en sens opposé ne pouvait nous voir. Voilà pourquoi, à une époque où les portables n'existaient pas, et malgré notre désir intense d'arriver de l'autre côté, il nous fallut attendre plus d'une heure pour traverser : le temps qu'un autre de nos véhicules vienne nous chercher.

Notre espoir de nous baigner avec Amma s'envola. Quand nos arrivâmes enfin près des bungalows, la nuit était déjà avancée et nos compagnons de voyage dormaient déjà en rangs serrés dans les deux petits bâtiments. Nous découvrîmes Amma à la porte de son logement, son visage exprimait la compassion, et à voix basse elle nous expliqua qu'il n'y avait malheureusement plus de place dans les pièces louées. Elle nous suggéra de nous allonger sur le terrain, serrés en écheveau épais, comme une sorte de troupeau humain au repos, et de dormir ainsi. Comme nous devions en outre partager ce lieu avec les nombreux sangliers qui couraient partout et reniflaient, affamés, en quête de nourriture, Amma nous recommanda de nous allonger la tête vers le centre de l'écheveau et les jambes vers l'extérieur. Un peu déçus, nous suivîmes le conseil d'Amma, observant encore un temps nos amis à quatre pattes à l'activité incessante. Puis nous dormîmes sans dommages, jusqu'à ce que le soleil nous réveille et que notre sentiment de tristesse s'envole pendant la baignade matinale avec Amma.

25

La petite rivière

L'itinéraire de notre tour annuel du nord de l'Inde, qui nous menait à Delhi en passant par Bombay, puis encore plus loin jusqu'à Calcutta, était déterminé par les temples brahmasthanam, lieux saints installés et bénis par Amma. Dans le Nord de l'Inde, il était plus difficile de trouver des lieux appropriés pour la baignade. C'est pourquoi nous fûmes tous heureux quand nos véhicules s'arrêtèrent brusquement près d'un petit pont et que nous découvrîmes Amma et ses compagnes sur une pente abrupte qui menait à une petite rivière. L'eau qui se faufilait entre de grosses pierres était froide et il n'y avait pas de place pour nager. Mais quel bonheur pour nous de bouger après le long trajet et de nous rafraîchir dans l'eau. Assise sur une grosse pierre recouverte de végétation, j'avais de l'eau jusqu'aux épaules quand soudain une douleur fulgurante partie de ma main me traversa tout le corps et que je fus secouée de sueurs froides. Au même instant, j'entendis Amma crier : « Sortez vite de l'eau, nous ne voulons pas rester ici », et je la vis aussitôt, dans sa robe de bains et accompagnée de swamini Amma, monter la pente raide.

Nous les femmes, nous nous enroulâmes dans notre sari à la vitesse du vent. Pour les hommes, c'était un peu plus facile et avant que je sois habillée et remonte la pente, la plupart étaient déjà en haut sur la route. Je n'eus pas le temps de penser à ma main et à ma douleur. Tout ce que je voulais, c'était arriver au bus à temps, pour ne pas risquer que l'on m'oublie. Je m'affaissai sur mon siège et c'est alors seulement que je vis de nouveau ma main et que je pris peur. Mon pouce, mon index et la moitié du majeur étaient très enflés et ressemblaient à de grosses saucisses. Une peur sourde monta en moi. Mes yeux cherchaient Amma et j'entendis qu'elle était déjà partie. Horrifiée, je vis que mon majeur enflait encore de minute en minute et que mon annulaire aussi commençai à enfler. Pleine d'espoir, je consultai un médecin qui faisait le tour avec nous. « Tu ne peux plus que prier », me dit-il. C'est ce que je faisais de toutes façons depuis que j'avais découvert les changements que subissait ma main, et j'implorais Amma avec ferveur de m'attendre, de m'aider, et de me délivrer de ma panique et de ma douleur.

Nous roulions depuis moins d'un quart d'heure quand tous s'écrièrent : « Regardez, Amma est assise là-bas, en-bas ! » Elle était assise au bord d'une grande rivière et m'attendait, tandis que je cherchais mon chemin pour descendre. Je remarquai notre grand pot pour le tchaï, qui dévala la pente en passant près de moi ; j'atteignis la rive et je vis qu'il y avait juste assez de place entre Amma et la rivière pour que je puisse m'approcher d'elle et lui montrer ma main. Elle la toucha sans mot dire et la posa sur son genoux. Les témoins de la scène murmuraient, chacun avait son opinion sur ce

qui m'était arrivé. Seule, Amma restait parfaitement silencieuse. Elle mit la main dans ses longs cheveux dénoués, y prit un seul cheveu noir, le tendit entre le pouce et l'index des deux mains et le passa ainsi lentement sur ma main. De haut en bas, et encore de haut en bas, et au bout d'un moment, elle recommença le rituel avec un autre cheveu. Les autres s'étaient tus et virent Amma me regarder profondément dans les yeux et dire : « Dans dix heures, tout sera terminé, mais tu ne dois pas boire de thé maintenant ni manger de gâteaux.» Pendant des années, avant de rencontrer Amma, j'avais été l'élève d'un chamane et je souffrais beaucoup d'avoir dû abandonner à l'ashram nos cérémonies, nos percussions, nos danses extatiques et tout l'héritage des Indiens d'Amérique qui savent être dans et avec la nature. C'était là pour moi un bien plus gros sacrifice que l'abandon de mes biens matériels, et Amma m'avait déjà montré qu'elle le savait. Elle me le prouvait à nouveau maintenant. Je me sentis reconnue par Amma et en sécurité après ce rituel de guérison qu'elle avait mis en scène exprès pour moi, car il était clair à mes yeux qu'un seul regard d'Amma aurait suffi pour guérir ma main. En même temps, je lui étais infiniment reconnaissante de son jeu avec moi et j'avais bien conscience qu'il me fallait donner quelque chose en échange de ce rituel de guérison. Voilà pourquoi j'acceptai aussitôt et spontanément de renoncer au tchaï, ce qui poussa Amma à me supprimer aussi le dîner.

Assise plus tard dans le bus, j'étais énormément soulagée et heureuse ; certes, mon annulaire ressemblait lui aussi à une grosse saucisse, mais ma peur avait disparu. Amma s'était occupée de moi et j'allais guérir.

A la nuit tombante, Amma, au bord de la route, nous distribua des *idlis*. Les brahmacharis surtout désiraient absolument savoir ce qui m'avait piquée et mordue, et ils entourèrent Amma pour faire les suppositions les plus étranges. Et tout en dévorant, affamés, leurs *idlis*, ils répétaient : « Tu ne dois pas manger, Prabha ! Tu ne dois surtout pas manger ! » Je supposai qu'ils ne pouvaient pas croire que le jeûne imposé ne me dérangeait absolument pas, et que je me sentais même ainsi plus fortement liée à Amma, car elle m'avait de nouveau dévoilé le fait qu'elle connaissait mon passé de chamane. Amma ne révéla jamais ce qui m'était arrivé dans l'eau, mais au bout de dix heures, ma main commença à dégonfler et elle était guérie le lendemain, pour la suite du voyage. En arrivant au campement pour la nuit, nous découvrîmes qu'il nous manquait deux valises. Elles nous avaient été dérobées par des bandits de grand chemin, pendant que nous entourions Amma lors du dîner, si curieux d'en savoir plus au sujet de la petite rivière et de ses secrets.

26

Gayatri-Mantra

Om Om Bhur Bhuvah Svaha
Tat Savitur Varenyam
Bhargo Devasya Dhimahi
Dhiyo Yo Nah Prachodayat

Om
Nous méditons sur l'éclat de la Lumière divine, le soleil de la
conscience spirituelle, que nous vénérons. Puisse sa Lumière
nous illuminer, afin que nous connaissions la Vérité suprême.

C'est en Australie, il y a de nombreuses années, que j'ai fait l'expérience de la grande force spirituelle qui émane du Gayatri-mantra. Nous habitions avec Amma dans une maison, dans le jardin de laquelle était aménagé un bassin très particulier, où l'on pouvait nager. Le bord était fait de pierres de lave, d'un rouge-brun, au-dessus desquelles poussaient les grandes feuilles de plantes tropicales. Ce bel étang avait donc ainsi une berge naturelle. Comme une presqu'île, un grand ponton de bois avançait dans l'eau qui, ce jour-là, reflétait le ciel, et je me sentis invitée à passer l'aube et les premières heures du jour en méditation à cet endroit.

Je m'apprêtais à rentrer dans la maison quand Amma, suivie d'une douzaine de mes sœurs en Amma, sortit pour se baigner. Elle s'assit à côté de moi sur le ponton et se plongea dans une conversation avec une jeune Américaine, au sujet des relations et des enfants. J'écoutais attentivement ; j'avais moi-même eu des relations et des enfants. J'entendis les paroles suivantes venues d'Amma : « En ce qui te concerne, oui, tu peux avoir des relations, mais il vaut mieux ne pas voir d'enfants car comment pourrais-tu, dans ta situation, leur donner suffisamment d'amour ? » A ce moment-là, il se produisit un changement dans ma conscience. Le bassin disparut, le ponton avec Amma s'évanouit. Je me retrouvai transportée en arrière, dans ma vie et mon ressenti de jeune femme, plongeai dans mes sentiments et mes émotions d'autrefois ; je voyais mes efforts pour tout bien faire en tant que mère et épouse, j'éprouvais mon désir intense d'aimer les enfants et mon partenaire avec tous mes sens et de les rendre heureux. Dans le même temps, à cet instant et par la simple présence d'Amma, toutes mes limites et mon impuissance à aimer réellement furent mises à nu. Je ressentis si fortement la douleur d'être emprisonnée dans un corps dominé par le mental, ce qui limite notre capacité d'aimer et cause les blessures que nous nous infligeons mutuellement, nous les êtres humains, que j'éclatai bruyamment en pleurs. Je pleurais pour mes enfants, pour ma famille et pour tous les enfants et toutes les familles de ce monde. Je pleurais sur ma prison et sur les limites et les prisons de tous les humains et une douleur, pour laquelle je n'ai aujourd'hui encore pas de mots, s'empara de moi. Je me sentais coupable et en même temps, je savais que je n'étais pas coupable et partageais ce destin avec le reste de l'humanité. Je perçus qu'Amma s'étendait et mettait les pieds dans mon giron. En les tenant, je les mouillai de mes larmes qui coulaient, incontrôlables, avec dans mon cœur cette douleur à n'en plus finir.

Comme les larmes ne tarissaient pas, Amma m'invita à me lever, en disant d'un ton énergique : « Lève-toi ! ». Elle me tint un moment fermement dans ses bras, puis me poussa soudain toute habillée dans l'eau, où je plongeai profondément et continuai à nager en pleurant, jusqu'à ce que j'atteigne l'autre rive de l'étang. Là, je me cachai sous les grosses feuilles qui bordaient le bassin.

Pendant ce temps, Amma et les autres étaient descendues dans le bassin, formaient un cercle et j'entendis le chant du Gayatri-mantra.

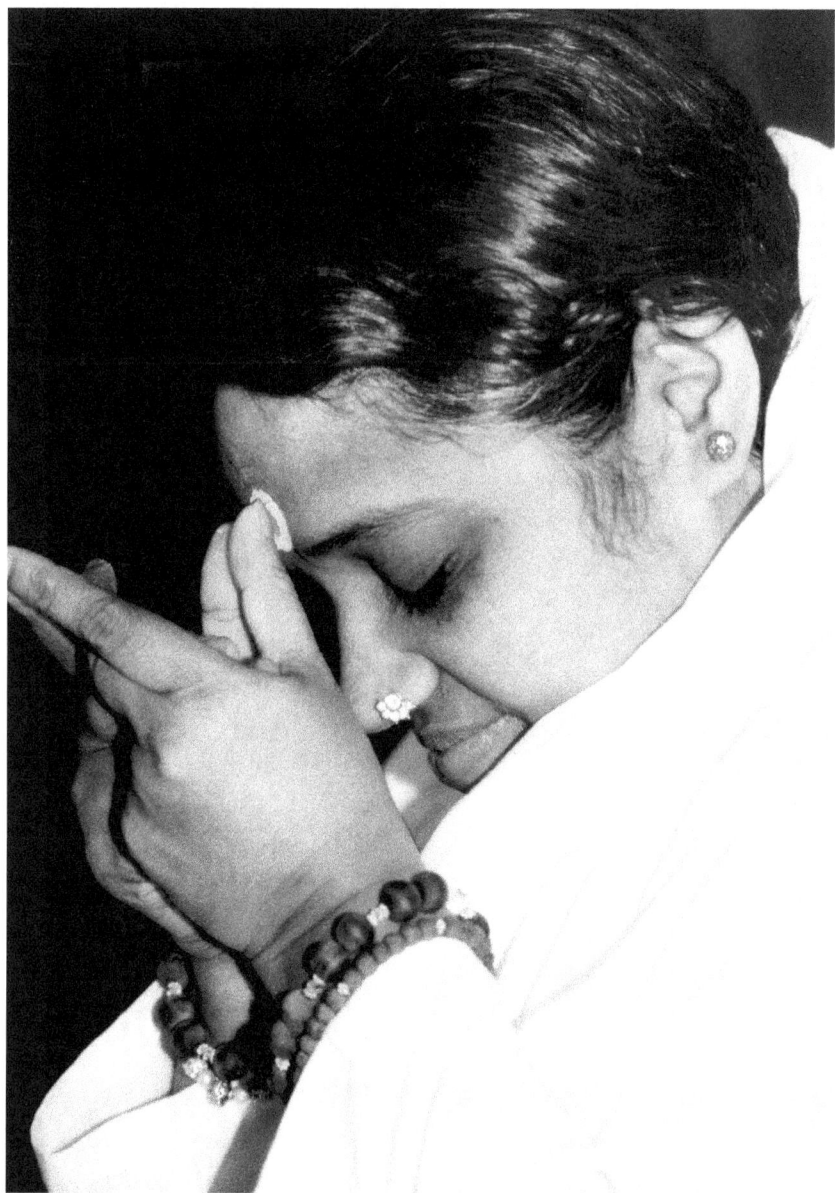

Il coula en moi comme une consolation venue du Ciel, caressa mon cœur avec tendresse et avec force, et mit fin à mes larmes. Je nageai hors de ma cachette vers Amma et je m'insérai en récitant le mantra dans le cercle guérisseur.

27

La bague

Accorde-moi la grâce de m'incliner profondément vers la terre,
afin que ma vie prenne racine dans le champ de Ton amour.

Prabha

Ma première fille naquit en Afrique du Sud et, flottant dans un bonheur plein de gratitude, je contemplai avec émerveillement ce nouveau petit d'homme. Pour la naissance, mon mari me fit cadeau d'une bague merveilleuse. Elle ressemblait à une petite fleur, avec au milieu un saphir bleu. Autour de ce centre brillaient des pétales de diamants étincelants. Il me semblait qu'ils scintillaient de notre amour et de la joie d'être maintenant une petite famille. J'étais certaine que je porterais cette bague toute ma vie, ce précieux témoignage de notre amour ; en un éclair, je me vis grand-mère, portant le bijou à ma main ridée et à ce moment-là, nous fûmes profondément unis, goûtant un moment de Paradis.

Il en alla malheureusement tout autrement dans la réalité. Nous nous séparâmes, les enfants ayant grandi, et la bague à mon doigt me rappelait de manière douloureuse cette séparation que je n'aurais jamais cru possible. Je cessai de la porter et de nombreuses années plus tard, quand je rencontrai Amma, je déposai dans sa main ce bijou précieux, imprégné de bonheur et de chagrin. A l'époque,

pendant le Devi Bhava, Amma portait souvent un bijou qu'on lui avait offert, et c'est ainsi que swamini me murmura un jour à l'oreille : « Ta bague est encore dans la chambre d'Amma, elle n'a pas encore été donnée à la vente. Regarde, peut-être qu'Amma la portera cette nuit. » Vers la fin du Devi Bhava je m'insérai aussi dans la queue et quand je m'agenouillai devant Amma, elle bougea discrètement la main devant mes yeux. La bague brillait à son majeur, et témoignait de ma famille, que je voyais ainsi protégée et bénie dans les mains d'Amma.

Je méditai ensuite longtemps à côté d'Amma. Les différentes étapes de ma vie défilèrent devant moi, et sur mes bonheurs et mes malheurs se posa doucement un voile rafraîchissant d'acceptation et de pardon.

La certitude s'imposa d'elle-même que ma vie n'était entre mes mains que pour une petite part, et qu'au-delà des jardins remplis de tournesols et de mauvaises herbes que j'avais personnellement construits dans ma vie, j'étais guidée par une force de la Conscience, puissante, intemporelle. Mes pensées s'estompèrent ensuite peu à peu et silencieuse, je regardai Amma toucher par son étreinte la Lumière qui habite les cœurs humains.

Un mois plus tard, je partis avec Amma faire le tour d'Europe. A l'époque, les salles étaient petites, notre groupe aussi et nous étions la plupart du temps logés avec Amma dans les maisons de particuliers. Le programme en Italie, dans la grande maison proche d'Assise d'une communauté religieuse, était le clou du voyage qui nous menait dans sept pays d'Europe. La grande et vieille maison de pierre, nichée dans de douces collines couvertes de buissons de genêts, était bien abritée et confortable ; elle accueillait sereinement le raz-de-marée des joyeux dévots d'Amma. Au cours de ces journées, la vie bourdonnait dans les pièces de la maison comme dans une ruche. Dans la cuisine, la maison et le jardin, on travaillait avec concentration ; des mantras accompagnaient cette activité assidue, apportaient la paix dans la communauté, se répandaient comme des vagues dans l'éther, ouvraient nos sens à la beauté de la nature et à une profonde gratitude pour la chance d'être avec Amma.

Le darshan avait lieu dans une grande tente blanche. Pour la monter, il avait fallu aplanir la colline avec des machines afin d'obtenir une grande surface plate et rectangulaire. Pendant la journée, la tente était la plupart du temps ouverte sur les côtés et Amma pouvait ainsi regarder le paysage, qui évoquait la Bible. Un vent chargé du parfum des herbes méditerranéennes parcourait les files du darshan, rafraîchissait les visiteurs assis par terre et transportait le son des bhajans vers les collines. Au bout de quatre jours, Amma partit pour le programme suivant, dans le sud de la France. Quand la colonne de voitures s'ébranla, les gens chantèrent, rirent et pleurèrent. Amma était assise au fond de la première voiture et offrait sa main à ceux qui restaient, pour qu'ils puissent la toucher une dernière fois.

Je restai encore une journée à Assise, pour nettoyer la cuisine, et le lendemain, je pris le train pour Paris, puis me rendis dans une maison de banlieue, où l'on avait besoin de moi pour préparer les chambres pour Amma et ceux qui l'accompagnaient. J'ignorais que ma bague accompagnait Amma et qu'elle allait encore briller à son doigt lors du Devi Bhava suivant.

Je n'étais pas présente quand Amma, dans le sud de la France, bénit la foule à la fin du Devi Bhava en lançant des pétales de fleurs. Mais quand elle arriva à Paris avec ceux qui l'accompagnaient, on me raconta aussitôt qu'elle avait à la fin du Devi Bhava, en même temps que la pluie de fleurs, lancé dans la foule ma bague, qui était

un peu trop grande pour sa main si fine. Et maintenant la bague avait disparu, me dit-on, et Amma était très triste.

A la fin du tour d'Europe, quelques-uns d'entre nous eurent la permission d'accompagner Amma dans une maison isolée en Alsace, qui fut notre premier centre en Europe et a été revendue depuis. Il était strictement interdit aux privilégiés que nous étions de nous approcher d'Amma en ce jour de repos, mais quand je me glissai en soirée dans le jardin près de la maison, je vis à ma grande surprise Amma, assise toute seule dans le verger sous un pommier.

Sa silhouette blanche rayonnait de tranquillité et d'une paix lumineuse, et je la perçus en cet instant comme une Mère de la terre qui protégeait la Nature. Et cette Mère me sourit et m'appela près d'elle d'un geste de la main. Timide, je m'assis dans l'herbe devant elle. Au bout d'un moment, d'autres personnes nous rejoignirent et Amma rompit le silence pour raconter une histoire.

Un swami traduisait pour nous les paroles d'Amma. Elle commença ainsi : « L'une d'entre vous a offert à Amma une bague magnifique. Ce bijou n'était pas seulement fait d'or et de pierres précieuses, il contenait aussi le cœur de cette personne, c'est pourquoi avec la bague, c'est son cœur qu'elle a offert à Amma. Mais qu'a fait

Amma de ce cœur ? Elle l'a perdu ! » Là, Amma marqua une pause et prit une expression dramatique, pour reprendre son récit en riant : « Amma est très heureuse car la bague a été retrouvée, parmi les milliers de pétales de fleurs qui jonchaient le sol de la salle, et ce cœur est donc à nouveau tout près d'Amma.

Le lendemain, à l'aéroport, quelqu'un me mit la bague dans la main en disant : « Voilà ta bague. » Ces paroles avaient pour moi un sens bien différent et beaucoup plus profond, car il ne s'agissait pas seulement de métal et de pierre. Dans cette bague, Amma avait vu mon cœur, et elle avait accepté ce cœur. D'un pied léger, je portai le bijou à swamini Krishnamrita pour qu'elle le vende, car comment aurais-je pu offrir une seconde fois mon cœur à Amma ?

Six mois plus tard, assise dans la salle de darshan de l'ashram d'Amma à La Réunion, j'étais entouré d'une douzaine de femmes de l'île qui m'aidaient à mettre de la *vibhuti* (cendre) dans de petits sachets sur lesquels était imprimé le logo de l'ashram. Nous travaillions avec soin et dans la joie, en nous représentant qu'Amma allait bientôt prendre dans ses mains les fruits de notre travail pour les offrir, et nous savourions ce travail où nous étions si proches d'elle. Mais voilà qu'au beau milieu de la préparation des petits sachets de vibhuti, je m'arrêtai brusquement, étonnée, car je n'en croyais pas mes yeux : une des femmes assises dans notre cercle portait la bague. C'était bien elle, aucun doute. Étonnée et réjouie, je suivis les mouvements d'une main délicate, qui à l'aide d'une petite cuillère remplissait de cendre grise de petits sachets, tout en regardant briller le saphir et les diamants. Sans livrer mon secret, je me tournai vers cette femme et lui dis, enthousiaste : « Tu as une bague magnifique ! »

La femme me regarda avec des yeux pleins de bonheur et répondit en souriant : « Oui, elle est vraiment magnifique et imagine, on m'a même dit qu'Amma l'avait portée ! Mon mari me l'a offerte pour la naissance de notre premier enfant ! » En souriant, je continuai à travailler, tout en me réjouissant de l'histoire de cette bague, une histoire qui, je pense, n'est pas encore terminée.

Viens, mon Amma bleue, j'aspire à Toi, l'infini. Passons ensemble les jours et les nuits. Ris et pleure avec moi. Tends-moi la main, quand je m'égare. Transforme moi dans le sein de Ton Être.

Prabha

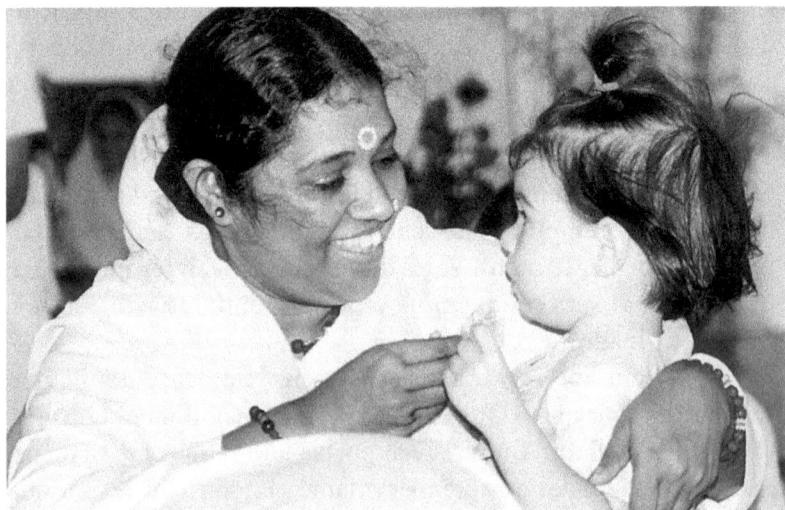

28

Les cartes d'Amma

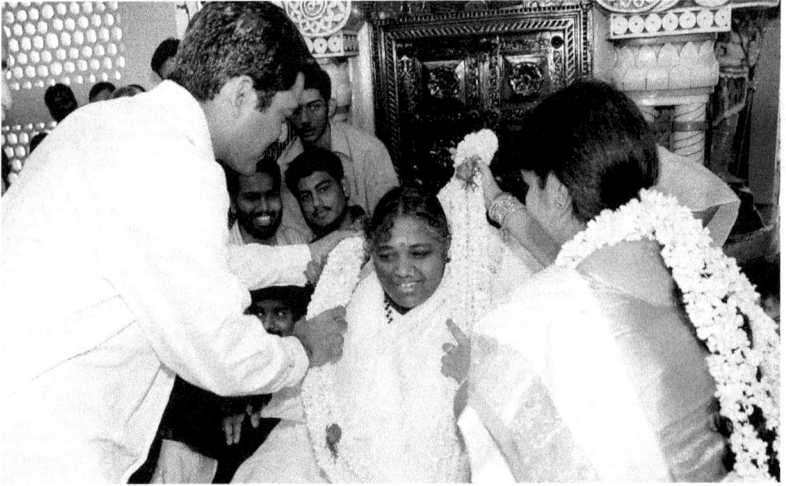

Appelle et n'attends pas. Sois un appel, et je suis là.

Prabha

J'officiais souvent comme photographe lors des rituels traditionnels de mariage célébrés par Amma, quand elle bénissait un jeune couple. Au début de la cérémonie, le marié et la mariée parent ensemble le cou d'Amma d'un *mala*, une guirlande de fleurs fraîches artistement enfilées, puis ils s'agenouillent devant elle, l'un à gauche et l'autre à droite. Ceci marque le début d'un rituel coloré et, bien que le déroulement en soit toujours identique, ce rituel est toujours personnalisé et plein de gaîté. A la fin, les pétales de fleurs et les grains de riz tourbillonnent en pluie autour du couple ; avec la flamme de la cuillère à *arati*, que chacun prend personnellement de la main d'Amma, les mariés se bénissent mutuellement ; ils se prosternent l'un devant l'autre, avant de plonger dans les bras d'Amma.

A la fin des années quatre-vingt-dix, j'avais photographié la cérémonie de mariage d'un couple de Trivandrum. Quand je

montrai ensuite les photos à Amma pour qu'elle donne son avis, elle s'arrêta soudain, me tendit une photo tirée de la pile et me dit : « Je voudrais qu'elle soit vendue à la boutique de l'ashram. » Sur la photo, on voyait une Amma introvertie, les yeux fermés, dans une paix éternelle. Ses mains ouvertes étaient remplies de pétales et sur sa poitrine, un *mala* blanc dessinait un cœur. Que voyait donc Amma sur cette photo, que je ne pouvais pas voir ? Amma savait certainement que les photos qui se vendaient le mieux étaient celles que nous appelions « *direct look* », la photo rare et précieuse où elle regarde tout droit dans l'appareil, et donc dans les yeux de celui ou de celle qui contemple la photo. La boutique indienne ne vendait pas de photo d'Amma les yeux fermés et malgré le souhait d'Amma, ma photo fut refusée avec véhémence. J'en fis faire une copie, que je conservai dans mon album de photos. Elle y dormit pendant de longues années, sans jamais être choisie pour aucune publication. Près de quinze ans plus tard, quand je rassemblai les photos pour les cartes de sagesse qui allaient être vendues sur les tours d'Europe et les tours d'Amérique, je voulus exaucer le désir d'Amma et je choisis intentionnellement cette photo pour les cartes. La Belle au bois dormant allait enfin sortir de son sommeil dans mon album.

Quand je regarde aujourd'hui cette photo, je pense à la prière pour la paix et l'harmonie dans le monde. Il y a quelque temps, Amma a rajouté quelque chose à cette prière : il s'agit maintenant d'imaginer une pluie de fleurs blanches de paix qui tombent pendant que nous récitons la prière en sanskrit « *Lokaha samastaha sukhino bhavantu* » (Puissent tous les êtres dans tous les mondes être heureux et trouver la paix.) Elles tombent du ciel sur la Terre, sur les montagnes et les vallées, sur la terre et sur l'eau, sur toutes les villes et les villages, sur les arbres et les fleurs, sur les humains et les animaux, sur toutes les créatures et aussi sur nous. Elles recouvrent toute la terre et y répandent la Paix.

Et je pense : « Sur cette photo, Amma ne semble-t-elle pas la Déesse de la paix, prête à répandre sur la Terre les pétales qu'elle a dans la main ? »

Une autre photo, importante pour moi, prit place parmi les cartes. C'était la première de mes photos où il me parut découvrir, dans les yeux d'Amma, le regard qui plonge dans la vérité infinie de l'Être, de l'Un. Elle fut prise lors d'une pause, en route vers un programme ; c'était pour moi l'image d'un *mahatma*, d'une grande âme, qui incarne en toute simplicité la Lumière qui brille au milieu des ténèbres de l'humanité et qui est toujours présente, jour et nuit, pendant toutes les phases de la Lune et quelle que soit la position du Soleil !

Je dialoguais souvent avec Amma sur cette photo, plongeais dans son regard, lui parlais de moi, et de nombreuses questions trouvèrent une réponse dans la profondeur de ses yeux.

En été 2010, j'avais suffisamment avancé dans mon projet pour pouvoir confier à une connaissance de Berne, qui allait aux États-Unis voir Amma, les cartes avec les photos accompagnées d'un petit livret des paroles d'Amma et d'une boîte qui contenait le tout. Les cartes ne revinrent jamais, mais je reçus l'accord d'Amma pour mon projet. J'en fus heureuse et cela me donna l'élan nécessaire pour y mettre la dernière main. A l'automne, j'avais préparé un second jeu de cartes, que j'emportai avec moi sur le tour d'Europe. Je le montrai un jour à Swamiji pour qu'il l'examine. Il regarda à peine les premières cartes et demanda seulement si les paroles d'Amma seraient les paroles originales. Quand je répondis par la négative, en disant que j'avais relu tous les livres d'Amma et que j'avais réfléchi pour en tirer des paroles adaptées à l'Occident, il en conclut qu'il devait de nouveau montrer les cartes à Amma. Je dois avouer, à ma honte, les sentiments ambivalents que j'ai alors éprouvé à l'égard de Swamiji : je n'ai pas cru qu'il montrerait les cartes à Amma. J'ai pensé qu'il déciderait, lui-même, de dire non.

L'après-midi même, avant qu'Amma ne sorte pour les bhajans, Swamiji me surprit en plein travail sur l'ordinateur. Il posa la boîte ornée de fleurs de lotus devant moi sur la table et dit avec bienveillance : « Amma désire que ces cartes soient imprimées, et il y en a une qu'elle préfère. Ouvre la boîte, c'est celle qui est dessus. » Je soulevai le couvercle lentement, presque avec crainte, et je fus submergée d'une vague de joie. Amma avait réellement regardé les cartes et, sur sa préférée, figurait la photo qu'elle avait aimée tant d'années auparavant, et choisie pour la vente. Je débordais de gratitude ! Amma m'avait entendue, elle avait perçu mes doutes et complètement accepté mon travail.

Elle me le montrait par le choix de la photo, qui devint ainsi un peu comme un code secret entre nous. Ou bien avait-elle exprès mis en scène l'intermède avec Swamiji, pour me faire prendre conscience de sa présence constante ? Heureuse, je m'apprêtai à refermer la boîte, quand Swamiji laissa tomber en passant : « Amma a une autre carte favorite. » Sous la carte favorite d'Amma apparut la mienne et je fus envahie d'un sentiment de gratitude infinie envers cet être, qui me reconnaît toujours et qui est le fondement sur lequel je construis ma vie. Les paroles de Robert Adams, maître de sagesse américain, me revinrent en mémoire : « Toutes les actions d'un maître ont pour seul but de t'aider à réaliser le Soi. Ne crois pas qu'un maître pense comme toi ou fasse les choses comme toi. N'essaie donc pas de comprendre un sage ni ses méthodes. Aime-le simplement, tu n'as rien d'autre à faire. Quand tu aimes le maître, c'est ton propre Soi intérieur que tu aimes. »

29

Un jeu

Tu vois toujours dans le monde ce que tu y projettes.

Amma

Si nous les regardons avec une vision correcte, même des détails insignifiants nous enseignent des leçons. Lorsque j'ai rencontré Amma pour la première fois dans les montagnes suisses, j'avais de longs cheveux rouges teints au henné. C'était mon emblème. J'étais « la grande femme aux cheveux brillants ». Ces paroles avaient du sens quand je travaillais, dans ma jeunesse, comme mannequin pour un grand couturier à Paris. A l'époque, j'enfilais sans hésiter des modèles confectionnés à ma taille, j'étais coiffée par les coiffeurs des stars et je défilais devant un public nombreux et intéressé en lui montrant ces créations de grand prix.

Mais maintenant, j'avais quarante-sept ans, mes filles avaient presque vingt ans, et mon travail consistait entre autres à fabriquer des flûtes et à enseigner dans une école de musique. Il était clair à mes yeux que je ne pouvais pas arriver à l'ashram d'Amma en Inde avec une chevelure d'un rouge flamboyant. Je désirais être simple, ne pas me faire remarquer, ne pas sortir du rang.

Mon amie et moi-même prîmes donc rendez-vous pour une coupe, dans son petit chalet sur l'alpage, près des neiges éternelles, là

où les vaches paissent en été l'herbe verte sur les versants ensoleillés et où les choucas tournoient dans le ciel. A côté du chalet, nous empilâmes le bois pour faire un grand feu. Nous allions, comme dans un rituel, brûler ma chevelure et avec elle, tout ce qui risquait d'être un obstacle à mon épanouissement en Inde. Mon amie était une coiffeuse rapide, qui avait réussi par elle-même, et très vite, le vent frais des montagnes souffla dans mes cheveux courts, cherchant en vain les mèches rouges pour les ébouriffer en jouant. Entretemps, le feu s'était emparé de ma magnifique chevelure sacrifiée ; étonnées, nous observâmes quelle force de vie bouillonnante était cachée dans mes cheveux, une force que les hautes flammes transformèrent en cendre. « Quel processus de transformation », pensai-je, en rêvant à mon avenir à l'ashram. J'espérais que dans le feu d'Amma, les fardeaux nuisibles que je traînais depuis longtemps brûleraient comme les cheveux que je venais de sacrifier.

Il me restait encore à découvrir que le processus n'est pas aussi indolore que la transformation de ma magnifique chevelure l'avait été. Je l'ignorais encore.

J'arrivai donc en Inde les cheveux courts, parsemés de quelques fils blancs. Malgré le soin que j'avais mis à mes préparatifs, je demeurai une étrangère, pâle et exclue, au milieu des femmes indiennes aux longs cheveux noirs, qu'elles nattent ou portent en chignon. Pour résumer : au bout de quelques mois et quelques années, mes cheveux grisonnants repoussèrent, suffisamment longs pour que je puisse faire une natte ou un chignon ; sans miroir et sans sèche-cheveux, je vécus ma vie quotidienne à l'ashram. Il y avait des années que je portais le sari, sans beaucoup me soucier de ma coiffure, quand vint s'installer à l'ashram une femme qui possédait une tondeuse. Elle avait les cheveux très courts, blancs, et je trouvai cela tout simplement merveilleux.

Cela respirait la liberté et la décontraction ; comme j'avais entre temps fait l'expérience que les cheveux longs ne me permettaient absolument pas de m'intégrer dans la culture indienne, je me mis à rêver de l'insouciance des cheveux courts. Les jeunes filles indiennes eurent beau m'assurer que les cheveux longs fonctionnaient comme des antennes qui captaient des énergies invisibles et me reliaient à des forces très subtiles, leurs efforts échouèrent. Amma une fois partie

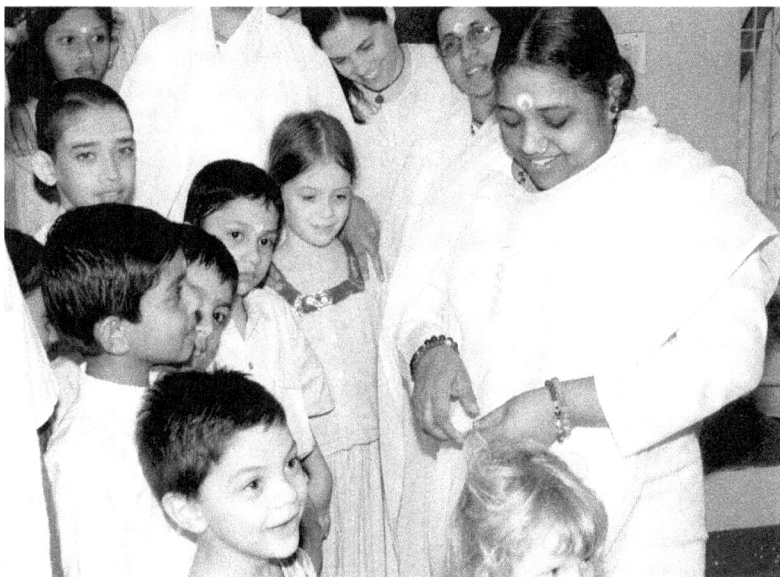

en Australie, j'avais un peu plus de temps ; je pris donc rendez-vous un après-midi avec la femme à la tondeuse, qui me reçut avec joie. Mes cheveux tombèrent et je plus... mais uniquement à moi-même et à quelques Occidentaux. Les Indiennes pensaient que ma coupe de cheveux ne plairait certainement pas à Amma, qu'elle risquait même de me réprimander.

J'ai souvent observé que notre rapport au corps n'est pas indifférent à Amma. Nous devons en prendre soin, nous soucier de le rendre agréable à regarder et de sa santé en faisant du yoga et en portant des vêtements propres, tout naturellement, mais sans y consacrer trop de temps. Le corps est un temple et il est l'instrument de notre évolution. Amma elle-même est toujours parfaitement habillée dans sa tenue dont la coupe, le tissu et la couleur blanche n'ont pas varié depuis que je l'ai rencontrée en 1989.

Cette tenue comprend trois parties : une robe blanche simple, plissée à la taille, une combinaison sans manches et un long demi-sari en tissu très fin qu'elle drape par-dessus. Avant ma rencontre avec Amma, une voyante anglaise me prédit que j'épouserais quelqu'un en uniforme. Je protestai avec véhémence et j'expliquai à cette charmante dame que jamais je ne ferais une chose pareille. Dans mon

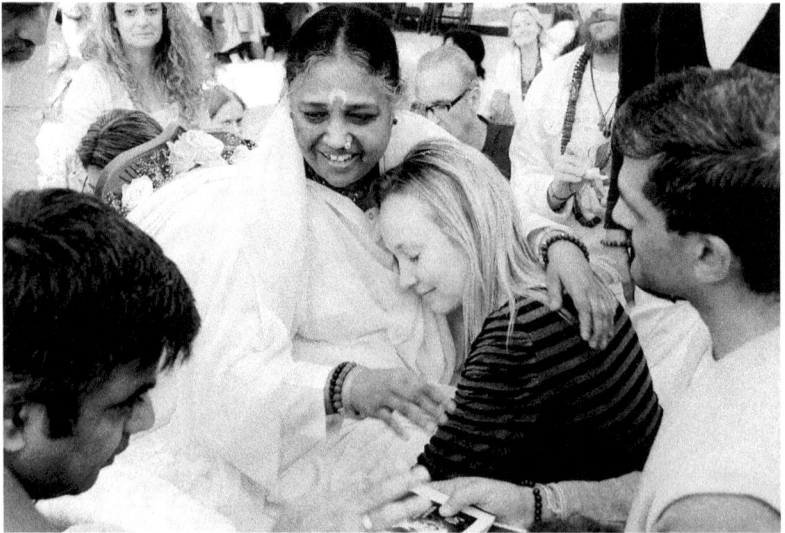

esprit défilèrent, à la vitesse de l'éclair, des militaires, des policiers, des portiers, des bedeaux et d'autres personnes en uniforme ; le niveau indicateur de mon enthousiasme resta stable : zéro. Certes, je n'ai ensuite épousé personne exerçant un de ces métiers. Mais j'ai tout de même pris un engagement pour la vie avec un être en uniforme : Amma. Sa robe seyante fait partie de son déguisement terrestre et des milliers de personnes se blottissent contre sa douce blancheur.

Quand Amma rentra d'Australie, je me trouvais avec beaucoup d'autres à côté de sa maison. J'avais réussi à occuper une place minuscule sur la petite marche de la citerne et je fixais du regard le coin de la maison où elle devait apparaître, après avoir parcouru le long chemin, bordé d'une foule joyeuse, entre l'embarcadère sur la rive de la lagune et sa chambre. S'il y avait bien une chose que j'avais oubliée à cet instant, contrairement à d'autres qui s'attendaient à ce qu'Amma me fasse des remontrances, c'étaient mes cheveux courts. J'avais les yeux rivés sur l'endroit où elle allait apparaître. Elle me manquait et je me réjouissais par avance. Elle arriva, dirigea aussitôt son attention vers moi et s'exclama de sa voix sombre et sonnante : « Prabha, *Australia too many photographers*, Australie trop de photographes. *Click, click, click! No good!* Pas bon !»Quand elle passa près de moi, je répondis :

« Est-ce que les photos étaient bonnes, au moins ?» Amma haussa les épaules et fit la grimace : « *I don't know!* Je ne sais pas !»

Pouvez-vous imaginer le jeu délicieux d'innombrables projections qu'Amma avait ainsi mis en scène ? Des centaines de femmes observaient notre échange animé, dans l'attente d'un commentaire sur mes cheveux ; elles étudiaient la mimique d'Amma, sans comprendre ses paroles, et elles interprétèrent toute cette scène comme un refus de ma nouvelle coupe de cheveux. Voilà pourquoi, dès qu'Amma eut disparu dans sa chambre, je fus assaillie de tous côtés et j'assistai alors gratuitement, étonnée, à une intéressante pièce de théâtre, jouée sur la scène de visions du monde différentes.

Chacune des personnes présentes projetait sa propre version, sa propre vision, dans la scène qu'elle avait vue et, à une petite échelle, je vis se produire devant moi ce que les Maîtres nous enseignent :

« La vie n'est pas en réalité ce qu'elle te paraît être ; ce que tu vois n'est qu'une projection de ton mental ». Ma vie se joue sur cette scène de théâtre. C'est un film projeté sur l'écran blanc de la pure conscience

que je suis en réalité. Grâce à son amour et à son enseignement, Amma pose dans ce film les bases nécessaires de mon chemin, qui consiste à servir, à aimer et à accepter, à avancer vers la vérité et vers la joie présente quand je perçois ma vie comme un jeu au sein de la conscience universelle qui me porte et me soutient. Il s'agit d'être, nous dit-elle, d'être avec l'innocence d'un enfant, simplement être avec moi-même, telle que je suis et non pas telle que je m'imagine que je devrais être. Être simplement, sans vouloir tout comprendre, car mon cœur sait : Je suis une étincelle de la Lumière divine. « Elle a été mannequin à Paris, a dit Amma récemment à ceux qui l'entouraient, mais maintenant elle fait le mannequin uniquement pour Dieu ! »

Je joue le jeu des imaginations et des opinions, des pensées et des désirs, du passé et de l'avenir.

Je joue le jeu de l'abîme de douleur et de la joie qui danse, le jeu de mon voyage vers le jeu sans joueur

Là où, au-delà de mille morts, Toi et moi sommes Une, dans l'espace ouvert du cœur.

Prabha

30

Leçons de détachement

Mon cerveau babille dans le flot infini des mots que babille l'humanité, et mes paroles sont prisonnières, sous le masque du sommeil dans lequel me bercent mes pensées, qui me séparent de la Lumière de la vie.

Prabha

Quand tu recules d'un pas, tu vois les choses sous un autre angle que quand tu les as directement sous le nez ; dans l'espace vide qui s'ouvre entre toi et la situation, ta vision des choses s'élargit. Amma appelle cette manière d'aborder les choses le détachement ; et le recul que nous obtenons nous permet d'agir de manière réfléchie au lieu de simplement réagir. Nous devenons ainsi l'observateur de notre vie. Il m'a fallu pour cela recevoir plusieurs leçons d'Amma et je m'exerce encore à rendre cet observateur en moi actif ; depuis l'enfance, j'avais l'habitude, selon les situations, de prendre à la vitesse de l'éclair une position de protection, ou bien de monter sur les barricades. De cette manière, je donnais à mon ego l'occasion de déterminer mon chemin, j'étais aveuglément manipulée par lui et il me dominait.

En 1991, je vivais déjà depuis quelques mois à l'ashram quand ma fille cadette Lisa eut vingt ans. Pour célébrer cette journée, je

195

voulus créer pour Amma une carte spéciale ; je cherchai dans mes affaires des photos qui se prêteraient à la confection de cette œuvre d'art. Sans ordinateur, sans Photoshop, il fallait tout faire à la main. Je fus satisfaite de ma création quand ma fille Lisa me regarda, assise dans une fleur de lotus blanc, à côté d'Amma. Il ne manquait plus que les mots que je voulais écrire pour Amma en malayalam. Je demandai l'aide d'une Indienne et la priai d'écrire derrière mon collage les paroles suivantes : « Chère Amma, c'est ma fille. Elle a vingt ans aujourd'hui. S'il te plaît, bénis-la ! » Amma était déjà assise sur le *peetham* dans la hutte où elle donnait le darshan, quand j'entrai par la porte arrière. Un Indien d'un certain âge chantait des chants nostalgiques à Krishna en s'accompagnant à l'harmonium. Sa voix douce, mais pénétrante, emplissait la hutte et touchait les personnes qui, l'une après l'autre, s'approchaient d'Amma.

Je m'agenouillai bientôt moi aussi devant elle, en tenant ma carte avec la même ferveur que si elle avait été ma fille elle-même. Je plongeai dans une étreinte pleine d'amour, où je me sentais protégée et remplie de bien-être. Je m'imaginais qu'Amma contemplait la carte, regardait directement dans le cœur de Lisa et répandait sur elle sa bénédiction.

Je fus subitement tirée de ma rêverie quand Amma relâcha son étreinte, me mit sous le nez la carte d'anniversaire de Lisa et me demanda d'une voix terre-à-terre : « Prabha, *who is this lady*? Qui est cette femme ? » Je pris peur. Je paniquai. Je n'y comprenais plus rien ! » En une fraction de seconde, mon scénario si bien construit s'effondra, anéanti par Amma. J'en perdis la parole, sonnée, et je sombrai dans un précipice destructeur. Est-ce qu'elle n'avait pas lu ? Pas compris ? Pas vu ? O Seigneur, qu'est-ce qui n'allait pas ? Le choix des mots ? La photo ? Le monde ? Ou bien Amma ? Je restai

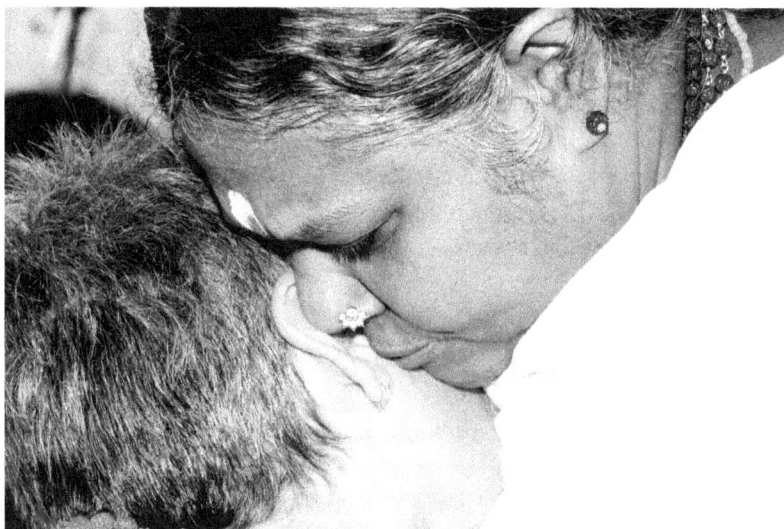

agenouillée devant elle, comme pétrifiée, incapable de bouger ou de dire un mot ; je sentis Amma m'éloigner doucement, mais avec fermeté.

En chancelant, je sortis de la hutte et m'assis en pleurant sur le sable, contre la cloison en bois. Je pleurai, désespérée, jusqu'à ce que ma profonde douleur et le choc reçu se soient transformés en une grande paix.

Le calme se fit dans mon mental en ébullition et, dans ce calme, je perçus à quel point les paroles d'Amma avaient transformé ma relation avec Lisa. Elles avaient changé ma vision et pour la première fois, je voyais ma fille comme une jeune femme indépendante, aimant la vie, et non pas essentiellement comme mon enfant. En me montrant l'attachement émotionnel que je portais à ma fille et qui ne correspondait plus à la situation actuelle, Amma avait coupé le lien de cette relation mère-fille, depuis longtemps dépassée. À sa manière unique, elle m'aida à acquérir le détachement qui me permit de remettre le soin de ma fille entre de nouvelles mains : les siennes et celles de la vie elle-même.

Amma ne travaille pas seulement sur moi quand je suis en sa présence physique, car il se produisit quelques années plus tard un événement similaire dans notre maison de vacances, sur la côte italienne. Pendant qu'Amma était en tournée aux États-Unis, j'y passai de merveilleux jours d'été avec mon père, alors âgé de quatre-vingt-dix ans. Toute sa vie, mon père avait eu l'habitude de faire des choses dangereuses, voire extrêmement dangereuses, pour attirer mon attention. Il se sentait sans doute aimé quand je craignais pour sa vie et le suppliais, angoissée, d'arrêter, car il renouvelait souvent ce jeu. Cette fois-ci je le découvris, horrifiée, en short au milieu des agaves royales qui poussaient dans un coin du jardin. Armé d'une scie, il voulait s'attaquer à quelques-unes des immenses feuilles de cactus. Ceux qui connaissent cette plante géante savent à quel point les longues épines des feuilles charnues sont venimeuses, acérées et dangereuses.

Les jambes nues de mon père, parsemées de grosses veines bleues proéminentes, se promenaient à quelques millimètres de ces épines... et mon père vivait avec des anticoagulants ! Après ma découverte, tout se déroula selon le vieux schéma habituel. Je sombrai dans la peur pour mon père, et mon mental se représenta en quelques secondes d'innombrables possibilités d'accident, tandis que je l'appelais, désespérée : « S'il te plaît, sors de là ! Laisse-moi le faire ! C'est dangereux, arrête ! » Je me réfugiai dans la maison, m'enfonçai, consternée, dans un des grands fauteuils, et pour me calmer un peu, je pris mon livre d'archana et désespérée, je dis intérieurement à Amma : « Amma, il y a maintenant tant d'années que je m'efforce d'être calme et détachée, mais j'échoue lamentablement et je demeure impuissante quand mon père me plonge dans la peur et l'effroi. A quoi servent donc tous tes enseignements ? Pourquoi ne m'aides-tu pas, Amma ? »

J'étais malheureuse et blessée. Pour me calmer un peu, je me mis à réciter le Sri Lalita Sahasranama, les mille noms de la Mère divine ; c'est alors que j'entendis distinctement à côté de moi une voix qui disait : « Il s'appelle monsieur Gerber ! » Ces paroles claires traversèrent mon mental en émoi et se gravèrent en moi comme un fait qui révolutionna radicalement la relation avec mon père. Une opération éclair s'effectua en moi. En très peu de temps, ma relation émotionnelle avec lui prit un autre aspect, et le lien marqué par mes peurs d'enfant fut brisé. Mon père était monsieur Gerber, un homme parmi les autres, un père parmi les autres, un destin parmi les autres. Amma me donna la chance de prendre du recul, de faire confiance, d'aimer mon père tel qu'il était et de le laisser s'activer dans le jardin, tandis que je demeurais à ma place et récitais l'archana. Une Présence qui me dépassait était là, elle me remplissait et remplissait le son de ma voix. Elle était dans tous les recoins de la maison méditerranéenne, dans les collines et dans la mer, et aussi près de mon père dans le jardin. Sa grâce nous avait délivrés de difficultés anciennes.

Calme, soulagée du poids de la responsabilité insensée que j'avais endossée enfant, je récitais les mantras, détendue, quand mon père étonné entra dans la maison. Il s'était attendu à me revoir dehors, l'appelant de nouveau, angoissée, mais son attente avait été déçue. J'étais tout simplement restée dans la maison. Il en fut transformé en même temps que moi. Le schéma ne fut plus jamais utilisé car il n'avait plus de sens.

Nous étions souvent assis ensemble, heureux de nous sentir proches ; nous parlions d'autrefois et de nos rêves. Je compris que mon père souffrait de ne pas comprendre ma vie avec Amma. « Je suis un matérialiste et tu es une mystique », disait-il, alors qu'il avait souvent été dans ses bras et avait chaque fois reçu une pomme en cadeau. Trois ans plus tard, je pus accompagner mon père jusqu'à la mort. Quelques jours avant qu'il quitte son corps, il lui fut donné de comprendre pourquoi Amma est ce qu'il y a de plus enrichissant et de plus important dans ma vie. Elle vint dans la nuit, se montra à lui, lui permit de comprendre, d'être initié. Il rayonnait dans son énergie, heureux de sa légèreté. Il fit l'expérience d'une existence insouciante, quand son cœur s'ouvrit et qu'il sut : il était depuis toujours en sécurité, dans la paix et dans l'amour. Peu après, il s'endormit calmement pour toujours.

31

Retour en Suisse

La vraie lumière est omniprésente. Personne ne peut la fuir ni aller à sa rencontre. Elle souhaite être découverte en nous et nous avons la possibilité de trouver cette lumière sur la Terre, dans chaque ville, dans chaque pays, dans le coin le plus reculé du monde.

Swami Rama

Au bout de dix-sept ans passés à l'ashram d'Amritapuri, un rêve naquit en moi ; il se fit de plus en plus clair et finit par prendre une forme concrète. Je pouvais m'imaginer, désormais, rentrer en Suisse pour y vivre les valeurs que m'avait enseignées Amma pendant mes années à Amritapuri et je me réjouissais à l'avance de jouer mon rôle de grand-mère auprès de mes petits-enfants. Je me sentais prête à être physiquement séparée d'elle car en moi je la sentais proche. Elle était le fondement sur lequel je voulais tenter un nouveau départ en Suisse, en sachant que je serais toujours la bienvenue à Amritapuri.

J'avais le projet de créer un groupe de *satsang* dans ma ville natale et Amma me désigna comme instructrice pour enseigner sa méditation IAM.

Je restai donc à l'ashram pendant la tournée du Nord de l'Inde d'Amma, afin de faire mes préparatifs. Il me fallait entre autres choisir et emballer des objets et des instruments nécessaires pour faire de petites *pujas* et pour installer un bel autel dans mon futur lieu de vie. Je voulais les envoyer par poste aérienne en Suisse, avec mes quelques possessions, des livres et des vidéos ; je comptais prendre congé d'Amma lors d'un arrêt à Delhi.

Girish, le *pujari* (prêtre) responsable du *kalari* à Amritapuri, m'aida à choisir un plateau en laiton pour l'*arati* (une cérémonie d'adoration où l'on brûle du camphre) et me fit cadeau de plusieurs objets rituels, qui avaient longtemps été utilisés au petit temple du *kalari* et étaient donc chargés de l'énergie de ce lieu si particulier. Une *brahmacharini* se sépara de sa cloche, qu'elle avait utilisée pendant des mois quand elle était prêtresse dans un des temples Brahmasthanam installés par Amma. Il me restait maintenant à apprendre l'art d'utiliser ces objets correctement pendant les dernières strophes de l'*arati*, et donc à bouger les deux mains de manière indépendante. C'est-à-dire qu'il me fallait faire sonner la petite cloche de la main gauche, tandis que la main droite tournait dans le sens des aiguilles d'une montre et décrivait des cercles devant Amma (ou en Suisse devant la photo d'Amma) avec le plateau où brûlait le camphre. Je m'exerçai pendant des jours devant mon autel, dans la petite pièce à côté du sanctuaire de Kali, pendant que l'on chantait dans le temple les dernières strophes de l'*arati*. Ma main droite symbolisait le plateau où brûlait le camphre, tandis que ma main gauche utilisait chaque note du chant pour s'exercer à produire un son régulier avec la cloche.

Comme prévu, je fis une halte à Delhi lors de mon vol de retour et me rendis au programme d'Amma. Une grande foule déferlait sur cet ashram relativement petit, situé dans un faubourg de cette immense ville à la croissance rapide.

Le cœur de ce lieu saint est un temple Brahmasthanam, construit selon les plans conçus par Amma. C'est elle qui l'a consacré et béni et on y célèbre toute l'année des *pujas*. Depuis ce lieu sont coordonnées beaucoup des activités caritatives d'Amma dans toute l'Inde du Nord et même au Népal.

Quand vint le crépuscule, je m'assis seule et silencieuse sur le toit du bâtiment de l'ashram, songeant à mon départ et à ce nouveau commencement. On entendait, tout proche, le bruit de la grande ville : des klaxons, le bruit des moteurs et au loin, le hurlement des meutes de chiens sauvages. Et ici, au milieu du brouhaha de la grande ville, cette paix ! La soirée était fraîche. Au-dessous de moi, sur le terrain de l'ashram, brillait une mer de saris et d'innombrables petites lampes à huile aux flammes chancelantes. Des centaines de personnes, assises en rangs serrés, célébraient en même temps qu'Amma, avec concentration, un rituel qui touchait l'âme. Ils s'oubliaient dans la force de l'instant présent, et leur existence devenait prière. Une beauté indescriptible, la simplicité et l'amour, recouvraient ce tapis de lumières et d'êtres humains. Puis Amma chanta : « *Bhakti do Jagadambe, prema do Jagadambe* », (donne-moi la dévotion, Mère divine, donne-moi l'amour). Sa voix portait dans la nuit. Je ne voyais pas d'étoiles. Elles se cachaient derrière un rideau nuageux de pollution que perçait, lumineux, le chant d'Amma.

Un champ énergétique se créa, de plus en plus fort, porteur de guérison et d'ouverture, permettant à l'amour et à la compassion de couler dans les cœurs humains.

Après une longue attente, très émue, je me retrouvai devant Amma pour recevoir mon darshan avant le voyage de retour en Suisse.

Elle se réjouit, prit la petite cloche que je lui montrais, l'embrassa et la fit sonner. Elle m'imita et, sa main droite symbolisant le plateau avec la flamme du camphre, célébra devant moi l'*arati*, exactement comme je m'y étais exercée de nombreux soirs devant la photo sur mon autel. Étonnée, j'accueillis en moi ce merveilleux cadeau pour ensuite, suivant une impulsion intérieure, m'emparer doucement de la cloche que tenait Amma et la prendre dans la mienne. C'était maintenant à mon tour d'adorer.

La petite cloche dans ma main gauche sonnait régulièrement, tandis que ma main droite, tenant le plateau d'*arati* imaginaire avec sa flamme, montait toujours plus haut devant elle, bien plus haut que sa tête, toujours plus haut, car en cet instant je ressentais Amma comme une force omniprésente, vibrante et lumineuse qui remplissait tout l'univers et n'avait ni commencement ni fin. « Ho, ho, ho », fit alors Amma, pour me faire redescendre sur terre, et lentement la cloche et le plateau d'*arati* revinrent dans son giron.

C'est ainsi que je la quittai.

Bénie, je partis pour une nouvelle étape de ma vie. Une lumineuse flamme d'*arati* m'accompagnait pour ce nouveau départ en

Suisse et je me sentais portée par un amour qui constituait en moi un espace précieux, une sorte de malle aux trésors, dans laquelle une pierre précieuse lumineuse guidait ma vie. Je savais que le vrai darshan se déroule dans mon être intérieur.

Puisse le rideau de mes pensées s'affiner, puisse l'épais brocard devenir un fin voile transparent, flottant sous l'effet de Ta grâce.

Prabha

32

La Statue

Pour être heureuse et en paix, accepte les hauts ET les bas de la vie.

Amma

Les Écritures disent qu'un authentique chercheur voit le monde entier comme le corps du maître et qu'il est prêt à servir tous les êtres. Que voit donc Amma, qui nous sert toute la journée, quand elle regarde nos corps ?

Amma voit aussi tout ce que nous voyons mais en même temps, elle voit au travers de tout cela. Ce qu'Amma voit, nous ne pouvons pas le comprendre avec notre intellect. La vision d'Amma jaillit directement du silence. Dans un des messages qu'elle nous a donnés et qui proviennent de ce niveau de conscience, elle nous dit : « Tout, en ce monde, existe pour vous donner un enseignement. La vie est comme une meule, contre laquelle votre ego s'use, afin que resplendisse le merveilleux diamant qui est à l'intérieur de vous. Ce diamant est votre vraie nature, c'est la conscience divine. Mettez-vous donc chaque jour de nouveau à l'ouvrage et cherchez le silence, qui est le substrat du mental bavard. Amma vous donne d'innombrables examens, afin que votre lumière intérieure brille chaque jour un peu plus. Mais malheureusement, vous échouez à presque tous les tests car les examens d'Amma ne sont pas imprimés sur papier, comme à l'université. Les examens sont écrits par la vie. Quand vous sentez la colère monter en vous ou que vous perdez patience, pensez que cela pourrait bien être un test d'Amma. »

Il y a peu de temps, Amma m'envoya un test, sous la forme d'une grande statue en fil de fer qui apparut un jour sur le balcon de la maison voisine. « Oh non ! » fut ma première pensée quand j'aperçus un matin la dame de fer depuis mon siège de méditation.

« Ce monstre gâche toute ma vue, cache une grande partie du ciel et ne s'intègre pas du tout dans le cadre de la nature. Comme c'est dommage, comme c'est stupide ! » Sur mon coussin de méditation, je consacrai les jours suivants non pas à me mettre sur la fréquence de ce que je suis réellement, mais à penser à l'hôtesse indésirable sur le balcon de mes voisins. Obstinées et rebelles, mes pensées volaient vers le balcon et mon mental était à ce point incontrôlable que son agitation ne pouvait pas m'échapper. Étonnée et honteuse, je dus m'avouer qu'un assemblage de quelques fils de fer avait le pouvoir d'anéantir totalement ma concentration.

« Débutante, tu es tombée dans le piège ! Et ton ego est à la fête ! », me dis-je, moitié en plaisantant, moitié sérieusement. Je m'imaginai Amma en train de rire de moi, tout en m'aimant malgré tout, et il me vint une idée. Pourquoi ne pas transformer cette grande femme solitaire, contre la balustrade du balcon de mon voisin, en Amma ? Amma qui regarde dans ma salle de séjour et aussi vers le fleuve, qui coule non loin de là ? Amma, venue habiter sous le ciel gris de l'hiver Bernois ? A peine avais-je baptisé la nouvelle venue du nom d'Amma, que tout mon rituel matinal en fut transformé. Amma était près de moi, me regardait par la fenêtre et envoyait son sourire dans ma pièce. Je commençai à intégrer cette femme silencieuse, debout dans le froid de l'hiver, je commençai à l'aimer et à la considérer comme une aide pour ma méditation.

Je me réveillai un matin de décembre, tôt comme à l'habitude et perçus dans la pénombre matinale une lumière particulière. Quand le jour se leva et qu'il fit clair, je contemplai des toits couverts de neige et dans le jardin, les branches des arbres, toutes blanches.

Lorsqu'ensuite, assise sur mon coussin de méditation, je regardai vers Amma, mon ravissement fut sans borne. Elle était là, debout dans le froid. L'hiver l'avait enveloppée d'un châle blanc et l'avait parée d'un drôle de petit chapeau de neige. Quelle bénédiction ce fut, les jours suivants, de passer du temps ensemble ! Grâce à la transformation de mon point de vue, la statue de fer, qui avait fait remonter en moi tant d'émotions négatives, était devenue mon Amma bien-aimée, qui me tenait silencieusement compagnie à Berne.

Puis arriva le jour, en février, où je pris congé de mon Amma personnelle, pour partir retrouver la véritable Amma à l'ashram, en Inde. J'en revins un soir, à l'éveil du printemps, et regardai le lendemain matin vers le balcon du voisin, avant de méditer. J'étais toute heureuse de saluer mon Amma, qui m'attendait. Mon Dieu ! Elle n'était plus là ! Je ressentis douloureusement sa disparition.

Elle laissa un vide perceptible dans mes habitudes, et mes attentes furent déçues. Et que fit alors le compagnon qui ne me quitte pas, le mental ? Il se lamenta de la perte de l'œuvre d'art, comme il l'avait fait de son apparition. Suis-je donc complètement folle ? J'entendis le rire d'Amma et je ris de bon cœur avec elle, riant du grand farceur dans ma tête. A cause de lui, Amma m'enverra certainement encore d'innombrables tests. Chaque fois que je

réponds bien à l'examen, cela m'aide à transformer le « sac à dos » de l'ego en bouée. Ainsi portée dans le fleuve de la vie, j'apprends à jouer avec les vagues comme une bonne nageuse, à y trouver la joie et à couler avec le flot. Je souhaite de tout cœur devenir une nageuse accomplie, qui aime la mer et les vagues, capable de résister à une tempête et qui n'abandonne pas l'espoir que le mental plaisantin finira un jour par devenir un serviteur docile, ayant appris à rester dehors quand le vaste silence veut s'installer en moi.

L'histoire de la statue me montra une fois de plus que chaque expérience nous enrichit, si nous savons la regarder avec les bonnes lunettes. Et une chose est certaine : mon trésor est caché derrière les multiples facettes de l'ego. Pour le découvrir, j'ai besoin d'Amma, qui m'aide à choisir les bons verres de lunettes et m'enseigne à regarder les choses clairement.

33

Pépites d'or

La véritable liberté se trouve au-delà des
histoires que j'ai écrites dans ma vie.

Pourquoi des milliers de gens sur cette planète s'efforcent-ils d'intégrer dans leur vie les paroles d'Amma et les bases spirituelles qu'elle enseigne ? Pourquoi sommes-nous attirés vers elle comme par un aimant ? Je ne vous ferai certainement pas la surprise de vous fournir une réponse qui soit valable pour tous. Comment pourrais-je comprendre le mystère d'Amma sans l'être moi-même ? Mais je me rappelle souvent qu'Amma dit que la vie est un jeu, et j'aime les jeux, surtout les jeux de mystères !

A ce sujet, une petite histoire. J'observe ma petite fille en train de jouer avec le jouet publicitaire d'un supermarché. Ce sont de petits boutons de couleurs différentes et elle a découvert qu'ils sont magnétiques et qu'ils s'attirent ou se repoussent. Plongée dans son voyage de découverte par le jeu, je l'entends dire : « Celui-ci est un pôle nord et celui-là est un pôle sud.» Et pendant que je la regarde, fascinée, et vois qu'elle découvre que les pôles opposés s'attirent et que les pôles identiques se repoussent, naît en moi l'image d'un pôle lumineux.

En lui, pôle Nord et pôle Sud sont réunis dans un tout et il envoie continuellement des vibrations d'amour, de paix et de compassion vers tous les êtres. Ce pôle est Amma et je vois en chaque être humain une étincelle d'elle ; je ne m'étonne pas que nous soyons tous attirés par elle. Elle éveille le meilleur en nous quand elle dit : « *Le but essentiel de votre vie est de trouver dans votre cœur le trésor de la vérité éternelle et de la paix inébranlable. Chercher ce trésor à l'extérieur revient à vouloir vider l'océan pour attraper un poisson car on ne peut trouver le trésor de la félicité constante que grâce à un chemin intérieur.* »

Voilà pourquoi nous sommes tous des chercheurs de trésors, des chercheurs d'or dans notre être intérieur. Nous déblayons de

vieux débris, qui bien souvent ne nous appartiennent pas, nous libérons ce qui a été pétrifié, nous creusons et ratissons avec la plus grande concentration, comme les chercheurs d'or dans les vieux films américains. Si nous persévérons, nous trouvons çà et là de petites pépites d'or, qui nous donnent l'espoir et la force nécessaires pour continuer à ratisser et à croire à la mine d'or. Amma est maîtresse dans l'art de distribuer des pépites et elle nous laisse tous de temps à autre trouver une lumière dans la salle au trésor de notre cœur. Ce qui lui donne le plus de joie, c'est de nous voir intégrer dans notre vie ce que nous avons trouvé, pour que cette lumière y brille.

Une de mes histoires de pépites commença par une réprimande d'Amma. C'était une nuit de Devi Bhava, pendant le tour d'Europe. J'étais debout à côté de la chaise d'Amma pour placer les gens qui attendaient dans la queue des mantras et, dès qu'elle s'apprêtait à donner le mantra, lui chuchoter à l'oreille le souhait formulé par la personne. Je m'étais tant bien que mal acquittée de ma tâche pendant une demi-heure environ, quand Amma me gronda en malayalam et dit ensuite quelque chose à Gita, qui fait passer les gens au darshan. Je me voyais déjà renvoyée de mon poste quand Gita se pencha vers moi et dit : « Amma dit que tu aimes qu'elle te dispute ».

Amma me regarda d'un air interrogateur, pendant qu'elle étreignait une femme blottie contre sa poitrine ; et il me revint en mémoire des centaines de situations où Amma m'avait réprimandée. En fait, toute ma carrière de photographe avait commencé quand Amma m'avait dit : « Je te permets d'être ma photographe et tu dois continuer ton travail, même si je te gronde. » J'étais donc prévenue, et les réprimandes sont devenues un contact très intime entre nous deux. Songeuse, j'étais debout près d'Amma, tournée vers Gita, et je dis spontanément : « Oui, j'aime quand Amma me dispute car ainsi, elle me parle d'une manière toute personnelle. »

Gita traduisit et Amma sourit plutôt qu'elle ne fronça les sourcils ; « Prabha, *spring loose* », dit-elle, ce qui peut se traduire par : « Elle a une araignée au plafond. » Je m'enhardis alors et répliquai : « Et Amma, dans ma prochaine vie, je veux parler la même langue

que toi ! » La traduction se poursuivit, et pendant qu'Amma me regardait avec des yeux pleins d'amour, Gita m'expliqua : « Amma dit que sa langue est le langage du cœur. Quand tu auras appris à parler cette langue-là, alors toutes les autres langues perdront pour toi de leur importance.

Par cet échange, Amma me rendit heureuse. Elle me donna une pépite d'or. Beaucoup de situations dans lesquelles je souffrais de la barrière de la langue et de mon incapacité à apprendre le malayalam, se dénouèrent dans la langue du cœur, qui n'est pas faite que de mots.

L'histoire d'une autre pépite d'or se déroula il n'y a pas très longtemps, lors d'un de mes séjours en Inde. Cet été-là, à l'ashram, j'étais censée avoir un moment très calme. Il n'y avait pas de luttes intérieures, pas de jalousies et pas de sentiment insidieux d'infériorité. Malgré tout, je retombai soudain dans la vieille rengaine : au bout de deux semaines sans darshan, s'éveilla en moi la jalousie envers tous ces Indiens qui peuvent échanger librement avec Amma et rire avec elle.

Quand j'eus enfin en main un ticket qui me permettait d'aller au darshan, je m'assis sur la dernière chaise de la queue interminable qui, semée de nombreuses embûches, menait finalement aux pieds d'Amma.

Je sentais de tout mon cœur à quel point ce que j'allais recevoir était précieux et, pour ne pas me laisser distraire par les nombreuses épreuves qui précèdent, connues de tous ceux qui sont déjà passés par cette queue de darshan, je fermais régulièrement les yeux et me répétais : « Amma et moi, rien qu'Amma et moi. » C'est ainsi

Darshan

que je contournai tous les obstacles, passai aussi avec nonchalance l'endroit où l'on doit s'essuyer le visage avec la moitié d'un mouchoir en papier et arrivai sans encombre près d'Amma ; c'est alors qu'on me demanda : « Prabha, quelle langue veux-tu ? » Je répondis spontanément, sans lever les yeux ni réfléchir : « N'importe quoi sauf l'allemand. » Je disparus juste après dans l'étreinte d'Amma et l'entendis murmurer : « *Ma, ma, maaaa, mole mole mole, my daughter, my daughter, my daughter darling, darling, darling* » et quand Amma en arriva à « ma chérie, ma chérie » mon attitude figée se transforma en pure joie et je ris contre sa poitrine. Elle dénoua son étreinte, ses yeux riaient aussi, et elle me demanda quelque chose. Je répondis, et Amma me reprit contre elle et me murmura de nouvelles questions à l'oreille. Je lui répondis à l'oreille et posai une autre question ; Amma chuchota à mon autre oreille et nous eûmes une conversation, exactement comme je l'avais vue faire avec les Indiens, mais ne me demandez surtout pas dans quelle langue. C'était certainement la langue du cœur car je n'étais ni timide ni embarrassée, j'étais totalement absorbée dans cette merveilleuse connivence.

Quand je quittai Amma, ayant reçu en bénédiction un paquet de cendres, un bonbon et une petite banane, le sol se dérobait un peu sous moi. J'allai, en titubant, m'asseoir sur une chaise mais aussitôt, ceux qui méditaient autour d'elle me demandèrent : « En quelle langue as-tu parlé avec Amma ? » ou s'exclamèrent : « Il y a si longtemps que je désire une conversation comme celle-là ! » Je m'assis, fermai les yeux, me répétai : « Amma et moi, rien qu'Amma et moi » et je m'efforçai d'atterrir. Je commençai par manger le bonbon de prasad, mais cela n'eut guère d'effet. La petite banane s'avéra plus efficace et au bout d'un moment, je me sentis prête à descendre dans le hall de darshan. J'ouvris les yeux et me mis en route.

Mais je ne m'attendais pas à un public aussi nombreux. Grâce à la vidéo, toutes les personnes assises dans le hall et concentrées sur Amma avaient pu voir sur grand écran la conversation avec Amma et on ne cessait de me questionner sur le « comment » et le « pourquoi » de ce dialogue. Pour échapper à cet interrogatoire, je décidai de ne pas rester dans le hall et d'apporter la peau de ma banane-*prasad* à l'une des vaches de l'ashram. Cette petite chose jaune, Amma l'avait tenue dans la main et je n'avais pas le cœur de la jeter dans la poubelle prévue pour les restes de nourriture. Quelqu'un me suivit jusqu'à l'étable avec ses questions sur le darshan, quelqu'un qui pourtant marchait avec une canne. Je lui expliquai, comme à tous les autres, que la conversation avait été intime, voilà pourquoi

Amma avait murmuré à mon oreille. Le vacher, un occidental, était assis sur l'abreuvoir en compagnie d'une jolie femme. Quand il me vit arriver avec la petite peau de banane, il n'en crut pas ses yeux. Je lui fis part de mon désir et il me montra la plus grosse des vaches. Encore grisée par le cadeau de la pépite d'or d'Amma, je m'approchai sans problème et elle lécha le précieux cadeau, le prenant de ma main avec ses lèvres douces et veloutées. Puis j'allai me cacher tout en haut du temple, sous les dômes, pour savourer seule mon bonheur.

C'est avec le temps que j'ai pris conscience des différents niveaux sur lesquels Amma avait travaillé, en moi et en des centaines d'autres, au moyen de notre « conversation ». Elle a parfaitement mis en scène ce darshan, où nous nous faisions des confidences à l'oreille, afin d'atteindre le maximum de personnes présentes, dans un maximum de situations intérieures, et de leur ouvrir les yeux sur les états d'âme et les obstacles personnels que nous rencontrons dans notre quête de l'or. Quand Amma travaille avec nous sur notre cheminement, cela ne signifie pas qu'elle efface d'un coup de baguette magique un

problème ou une série de problèmes.

Ma vision des choses, c'est que par ses actions et sa présence, elle met en branle un processus de prise de conscience, au cours duquel nos problèmes sont exposés devant nous, afin que nous puissions les regarder au lieu d'en être prisonniers. De cette manière, les difficultés et les obstacles se transforment en terrain d'exercice sur lequel nous avons une vue d'ensemble, ce qui nous permet de travailler, de faire des essais et de grandir. Amma dit à ce propos :

« *Seul un être humain ouvert à la vérité du Soi peut réellement être heureux. La grâce divine s'ouvre à celui qui est uni, dans une danse ondulante, avec tout ce qu'apporte la vie, et elle le guide.* »

Et croyez-moi, il trouvera parfois une pépite d'or en chemin.

On trouve les pépites d'or partout, pas seulement à côté d'Amma. Elles surgissent dans le tramway, quand nous nous promenons en ville ou bien sur notre lieu de travail, au cours de l'ascension d'une montagne escarpée ou bien quand nous nous émerveillons devant le ciel étoilé. Elles sont toujours là, en tous les endroits du monde. Dans les champs, les forêts, les montagnes et les vallées, dans les oasis et les déserts, partout où tu es totalement en présence, tu peux les découvrir, car l'or d'Amma est partout, dans tout l'univers.

Amma a fait cette photo avec moi. Elle m'a fait venir près d'elle, sur les marches qui montent à sa chambre, elle m'a montré la mer de visages souriants, en bas de l'escalier ; elle a pris mon appareil photo et l'a tenu devant mon œil. J'ai pu centrer, mettre au point appuyer sur la touche et m'émerveiller.

34

Conclusion

Chère lectrice, cher lecteur

J'ai partagé dans ces pages un peu de ma vie et raconté mes expériences très personnelles avec Amma. Je souhaitais avant tout montrer des images, raconter quelques péripéties des années que j'ai passées à l'ashram et indiquer la manière dont elle a travaillé et travaille encore sur moi, qui chemine vers la liberté du Soi. Je voudrais expressément mentionner ici que mes paroles sont loin d'exprimer ce qu'est Amma. Car : « Si tu veux me connaître, tu dois devenir moi » dit Amma.

Je pense que tout être humain voit Amma avec ses propres yeux et a d'elle une image personnelle, exclusivement sienne, ainsi qu'un accès à elle personnel. Mais dans notre cœur, elle est pour tous la même essence : la conscience divine, qui attend de briller dans le monde à travers nous.

Le maître est comme un fleuve. Tu peux y boire ou bien y jeter tes ordures, tu peux le trouver beau et être attiré par lui ou bien le refuser, le critiquer ou avoir peur de lui.

Pour le fleuve lui-même, cela n'a pas grande importance. Il te porte si tu souhaites nager jusqu'à la mer, porté par son courant ; il remplit ton récipient, si tu désires te désaltérer de son eau ; il porte dans ses flots le bien et le mal en toi, sans juger ni diviser, car sa nature est de couler et son essence est éternité.

Amma

Puissions-nous tous couler et atteindre la lumière de la vérité qui brille dans notre cœur. Puisse la bénédiction du Divin et l'amour d'Amma accompagner nos pas.

Glossaire

Acchan – malayalam, père

Amritapuri – Le siège international du Mata Amritananadamayi Math, situé dans le Kérala, sur le lieu de naissance d'Amma.

Arati – L'arati est accompli pour conclure un rituel d'adoration. On offre du camphre enflammé tout en faisant sonner une cloche. L'arati symbolise la dévotion. De même que le camphre brûle sans laisser de résidu, l'ego devrait se consumer pendant le processus d'adoration.

Archana – La récitation des noms divins. A l'ashram d'Amma, il s'agit du Lalita Sahasranama, des mille noms de la Mère divine.

Ashram – **Centre spirituel**

Aum (Om) – Selon les Ecritures védiques, c'est le son originel dans l'univers et la graine de la création. Tous les sons naissent du *Aum* et se fondent à nouveau en lui.

Aum Amriteshwaryai namah – Mantra qui honore Amma.

Bhajan – -Chant d'adoration au Divin

Bhava – Humeur, état intérieur

Bhavani – Par ordre de grandeur, second fleuve du Tamil Nadou, état du Sud de l'Inde,

Brahmachari/Brahmacharini – Chercheur spirituel qui pratique le célibat et le contrôle des sens en pensée, en paroles et en actes. Dans ce livre : jeunes hommes et jeunes femmes qui vivent à l'ashram et suivent la voie spirituelle sous la direction d'Amma.

Darshan – Vision du Divin ou compagnie d'une personne sainte.

Devi Bhava – L'état dans lequel Amma dévoile en partie son identité avec Dévi, la Mère divine.

Ghat – Lieu où l'on se baigne, avec des escaliers qui mènent dans un fleuve.

Homa – Rituel du feu

Kalari – Nom du petit temple où eurent lieu les premiers Krishna bhava et Devi bhava d'Amma. Aujourd'hui, des pujas y sont célébrées quotidiennement

Kali – Mot-à-mot : « la Noire». Dans l'Hindouisme, déesse de la destruction et du renouveau.

Karthika – En astrologie védique, une des vingt-sept étoiles de naissance ; c'est aussi un prénom

Leela (lila) – Le jeu divin

Maharashtra – État situé à l'Ouest de l'Inde

Malayalam – Langue du Kérala, un état du Sud de l'Inde.

Mandala – Mot sanskrit, motif géométrique

Mantra – Mot sanskrit, formule sacrée

Mundu – Tissu que l'on enroule autour des hanches. Vêtement porté par les hommes dans le Sud de l'Inde

Murti – Statue que l'on vénère dans un temple ou sur l'autel à la maison

Namaha – Mot sanskrit qui signifie « je me prosterne »

Peetham (pitham) – Siège

Prasad – Nourriture consacrée ou cadeau donné de la main du maître

Puja – Rituel d'adoration.

Pujari – Celui qui exécute un rituel d'adoration.

Ramana Maharshi – Grand sage de l'Inde, 1879-1950. Il vécut à Tiruvannamalai et était un adepte de la Philosophie de l'Advaita-Vedanta, qui est aussi celle d'Amma.

Samadhi – Mot sanskrit, un état de conscience supérieur où l'on se fond totalement dans le Divin

Sankalpa – Décision qui donne à la pensée une direction ferme et qui permet de réaliser des souhaits

Sri Lalita Sahasranama – Les mille Noms de Dévi, la Mère divine

Seva – Service désintéressé

Vasana – Tendances, habitudes, instincts provenant d'une vie antérieure qui influencent nos pensées et nos actions sans que nous en ayons conscience.

Vibhuti – Cendre bénie

www.ingramcontent.com/pod-product-compliance
Lightning Source LLC
LaVergne TN
LVHW051551080426
835510LV00020B/2940